蔣耀江，羅烈文——編譯

叔本華如是說

U0082144

人類永久的大哉問，
叔本華以顛覆傳統的思維來解答！

生命的本質是什麼？
愛究竟有何意義？

Arthur Schopenhauer

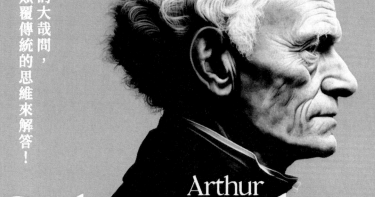

被視為西方哲學中悲觀主義代表，叔本華視人生為苦，
他審視人性對欲望的渴求，探索生命的本質，顛覆世俗對愛的理解，
其思想更影響了尼采、托爾斯泰等一眾文人、科學家！

悲觀思想 × 生死領悟 × 情感慾望 × 自我探索

「舒適與幸福具有否定的性質，而痛苦則具有肯定的特性。」

以叔本華式的領悟，重新開始對人生價值的思索！

目 錄

目錄

卷五　人生的領悟

附錄　叔本華生平

目錄

序言

　　「初識」阿圖爾・叔本華（Arthur Schopenhauer）是在十年前，在那段將青春肆意揮霍的日子裡，如果說有什麼收穫的話，或許就是和叔本華的「偶遇」了。說「偶遇」其實並不確切，準確地說應該是刻意前往「拜訪」，目的地是國家圖書館。致使我去「拜訪」的起因是從室友手裡借閱的《作為意志和表象的世界》一書，那是叔本華早期的作品，也是讓我得以認識叔本華的媒介。後來，我便先後拜讀了他的《論自然意志》（西元 1836 年）、《倫理學的兩個基本問題》（西元 1841 年）、《人生的智慧》（西元 1851 年）等書，因而對叔本華的思想有了一個較為全面的了解。

　　叔本華是德國哲學史重要轉折的一位代表性人物，他的哲學思想是一種唯意志論主義。在他看來，世界上的萬事萬物都是作為表象而存在的，而作為其基礎的是一種非理性的、盲目的、永動不息的、永不疲憊的慾望衝動。這種慾望衝動是一種求生存的慾望衝動，叔本華稱之為「生存意志」。

　　叔本華認為生存意志的基本要求就是獲得食物以求生存、發展自身以求美好生活、占有異性以繁衍後代的意志。他認為，不僅人的軀體及其活動是生存意志的表現和創造

序言

物，而且動植物甚至無機物也是生存意志的表現和創造物。他認為宇宙的一切都是生存意志的外化或表現。他說：「意志是世界的自體，是世界的內涵，是世界的本質生命，世界上可見的現象只不過是意志的鏡子。因此，生命不可分割地伴隨著意志，有如影之隨形，有意志也就有生命、有世界。」

作為一種哲學，叔本華的意志主義對後來哲學的影響在很大程度上是他的反理性主義。從這種生存意志出發，本來應該得出意志主宰一切的行動主義，但叔本華卻反常理而行，得出「人生是苦難」的人生觀。正因為此，有人將他的哲學思想稱為悲觀主義哲學。

叔本華宣稱，人生是苦難的。人之所以活著，靠的是一種生存的慾望衝動，而慾望本身就是不滿足或有匱乏感，因而其結局必然是痛苦。我們所生活的世界是一個痛苦的世界，這是叔本華人生哲學的基本出發點。在他看來，人世痛苦的根源在於人受著意志的支配和奴役。「人由意志產生意欲，由意欲產生動機，由動機產生活動」。

人在意志的支配和奴役下無時無刻不在孜孜不倦地試圖尋找些什麼，但每一次尋找的結局無不發現自己原是與空洞共存，最後終不能不承認這個世界的存在原是一大悲劇，而世界的內涵卻全是痛苦。人的一生，在叔本華看來，是人生之苦的理解過程。在人年紀大了，飽經風霜苦楚之後才會

真切地理解到人生的悲苦。「我們若再反省一下人生，人生也真是一段毫無收穫的插曲，徒然對非存在的平靜平添困擾……我們活得越久，越能清晰地看到整個人生無不是失望，甚至是一種騙局」。

叔本華從人生的悲苦進而整個地否定人生，否定人類生存的意義。叔本華宣稱，他之所以宣揚人生的苦難，目的是要找到一個可靠的指南針來指導人生，把人們從苦海中解救出來。為此，叔本華開出了他的處世之方：告訴人們要修身養性、順應自然、隨遇而安、忘卻悲苦、克制欲望。叔本華告訴人們，要想做一個智慧的人，做一個有健全人格的人，就既要看透世界，又要善於生存。怎樣達到健全的人格呢？叔本華提出做人要有正面積極的性格、健康的體魄、爽朗的氣質、高度的才智。

叔本華從「人生是苦難」的基本命題出發，認為人生的智慧就在於真切地理解到人性是險惡的，人生本來是一場悲劇，人世間的一切包括人們所孜孜以求的功名利祿、權力地位等等都不過是過眼雲煙、轉瞬即逝的東西，所謂幸福不過是免遭痛苦、無可奈何的生活享受而已。

因此，在他看來，人們應該禁絕一切欲望，拋棄一切世俗的利益和要求，去除一切現實生活及現實的理想和目的，拋棄一切理性和科學的概念，以及以理性為基礎的一切道德

序言

規範而進入無我的境界。這樣，人們就可以超脫現象世界而進入成為自在之物的意志世界，也才會有自己的自由。

　　儘管人生是一次苦難之旅，注定要歷經悲苦，但叔本華也給我們提供了應對之策，告訴了我們應對苦難的方法。今天，我之所以將眼光重新落到叔本華的思想上編譯本書，是因為我希望每一個人能從內心真正認清這個世界，認清自我，以達到更好的生存。基於此，我又重新對叔本華的思想進行了一番整理，最終確定了五個主題：一為人性的得失，二為心靈的迷霧，三為愛與恨的苦惱，四為生與死的糾纏，五為人生的領悟，期望從心靈層面和讀者進行最親密無間的交流。

卷一　人性的得失

　　人具有一半的獸性。一個人如果心性高的話，是
可以提升自己的。心性不高的人幸福和快樂的唯一泉
源便是他的感官嗜好，充其量過著一種舒適的家庭生
活，與自己的伴侶在一起消磨時光。即使教育也不能
擴大這類凡夫俗子的精神價值。另一方面，愚人即使
在樂園中被智者包圍，他也難以脫離愚昧之人的個
性。

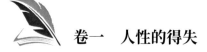

世界相同，各人卻大異其趣

亞里斯多德將人生的幸福分成三類：一類是指從外界得來的幸福，一類是指從心靈獲得的幸福，還有一類是指從肉體得來的幸福。就我個人認為，這種區分很模糊，除了數目外並沒有指出什麼，而根據我所觀察，人命運中的不同點，大致可以分為以下三種情形：

▼ **人是什麼？**從人格一詞的廣泛意義來說，人就是人格，其中包括健康與精力、美與才性、道德品性、智慧和教育等等。

▼ **人有些什麼？**人擁有財富和他可能占有的事物。

▼ **如何應對他人對自己的評價**，也就是大家所知道的你在他人心目中的樣子，或者說是別人對你的評價。

這可以從他人對你的意見、態度中看出來。他人對你的意見又從你的榮譽、名聲和身分中表現出來。

人是什麼，或者說人的差異是自然本身賜予人的。正因為是自然本身所賜，所以它們對人生快樂與否影響之大和影響之深遠遠超過後兩類對人的影響。人擁有些什麼和如何應對他人對自己的評價只是由人安排的結果。那些具有特權身分或出生在特權世家的人，即便是出生在帝王之家，與那些具有偉大心靈的人士相比，也只不過是為王時方為王而已；

而具有偉大心靈的人，相對於他的心靈來說，則永遠是王。希臘哲學家伊壁鳩魯最早的弟子麥關多魯斯亦說：「從我們內心得來的快樂，遠超過自外界得來的快樂。」

生命是否幸福的主要因素，我們存在的整個過程，在乎我們內在的生命性質是什麼，這是天經地義和人人都可以體驗到的事實。人的內在生命性質是使我們心靈滿足的直接泉源，我們整個感性、欲望和思想使我們不滿足，直接的泉源也是因為我們內在生命的性質。從另一方面來說，環境只不過對我們產生一種間接的影響而已。這就是為什麼外界事件或環境對兩個人的影響各不相同的原因。即便環境完全相同，因為每一個人的心靈並不完全合乎他周圍的環境，所以每個人都活在他自己的心靈世界裡。

一個人能直接感悟到的，莫過於自己的觀念、感受和意欲，而外在世界的影響不過是促使我們領悟自己的觀念、感受和意欲。我們所處的世界怎樣，取決於我們以怎樣的方式來看待它。正因為此，才有「世界相同，各人卻大異其趣」的說法。

如果你留意身邊的人，就會聽到或發現這樣的情形：有的人覺得人生枯燥乏味、了無生趣，而有的人又覺得生趣盎然、極具意義。在聽到別人經歷過頗有興味的事件時，我們每一個人也都想經歷那種事件，在描述那些事件時，自然而

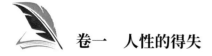

然地將自己的心靈落在那些事件所具有的浮泛意義中。

　　某些事情對於有才能的人來說是一種極具意義的冒險，但對於凡夫俗子來說又會覺得單調乏味、毫無意義。在歌德和拜倫的詩中，有很多詩句都具有化腐朽為神奇、化平凡為偉大的力量。那些平庸的讀者們往往嫉妒詩人經歷過那麼令人愉快的事情，他們除了嫉妒外，從來不會思考是詩人強大的想像力讓其平凡的經驗變得美麗且富有情趣。

　　對於某種情形，在樂觀者看來，不過是一種可笑的衝突；而在憂鬱症患者眼中，卻有可能將它當作悲劇；在生性恬淡的人眼裡，這種情形又毫無意義。所有這些都必須依賴一種事實，那就是要了解和懂得欣賞任何事物，必須具有主體和客觀事物兩個因素。主體和客觀事物的密切關係，就如同水中的氫和氧關係的密切一樣。

　　在一種經驗中，客觀事物或外界因素一樣，但主體或個人對它的欣賞卻因人而異。每個人對同一客觀事物的看法都會有所不同。愚蠢之人認為世間最美好的事物也微不足道，這就如同在陰霾中看令人流連忘返的風景一樣，認為並沒有什麼好值得留戀的；又像在不太好的影畫鏡中看畫，影畫鏡固然不好，但影出來的畫未必不好。說直白一點，每個人都受自己意識的限制，我們並不能直接地超出自己意識的限制而轉變成另外一個人。因此，外界的幫助對於我們來說並沒

有多大用處。

　　同在人生的舞臺上，有人是主宰一切的帝王，有人是出謀劃策的臣子，有人是征戰沙場的將軍、士兵等等，他們只是外在不同而已，其角色內部核心的真實性卻是相同的。大家都是可憐的演員，不管你是王侯將相還是販夫走卒，無不對自己的命運充滿了渴望和焦慮。人類的生命也是如此，每個人依身分和財富的不同而扮演著各不相同的角色，但這並非意味著大家內在生命的快樂與歡愉有什麼不同，每個人都是集憂患困厄於一身，可憐兮兮地活到生命的終點。

　　每個人展現生命內涵的原因各不相同，但生命的基本性質卻是一樣的。生命強度也因人而異，但生命強度的差異絕不是為因應每個人所應扮演的角色，或者要符合他的地位和財富的多少。因為事物的發生，僅僅存在於我們的意識之中，且只是為意識而存在，意識及素養是人最重要的特質。在多數情況下，兩者的重要性遠遠超過形成意識內涵的外在環境。世界上一切的驕傲和快樂，對於愚蠢之人而言，當然顯得微不足道。愚蠢之人其遲鈍的心靈絕不能和米格爾・德・塞凡提斯（Miguel de Cervantes）悲慘地在監牢中寫《唐吉訶德》時的想像相比。生命客觀現實的一半存在於命運中，在不同的情況中採取不同的形式。而主觀的一半來自於我們本身，生命自始至終就是這種情況。

　　因此，無論外在環境怎樣不同，每個人的生命終其一生
都具有相同的性質。生命如同在一個命題上抒寫不同的內
容，任何人都無法超出他的個性。任何一種動物無論在怎樣
的環境下，總狹隘地限定在自然所賦予牠那種不可更改的性
質中。我們努力讓自己所喜愛的對象快樂，勢必就要順著那
個對象的性質，限定在它所能感受到的範圍之內。人亦是如
此，我們所能夠獲得的快樂，事先就由我們的個性決定了。
人的心性能力更是如此，人的心性能力決定了我們是否能夠
覓取較高生命精神價值享受的能力。倘若一個人心性能力不
高，又不加以外在的努力，他人或者財富是無法把他提升到
人的一般快樂和幸福之上的。儘管人也具有一半獸性，但只
要心性夠高，還是可以提升自己的。

　　一個心性不高的人，幸福和快樂的唯一來源便是感官的
刺激，這樣的人充其量過一種舒適的家庭生活，與自己的伴
侶在一起俗不可耐地消磨美好時光。教育對這類人沒有絲毫
作用，即便你再怎麼努力也無法擴大他的精神價值。人的最
高、永恆和豐富的快樂實是他的心靈。雖然我們在年少氣盛
時不太了解這一點，但事實上卻是如此。心靈的快樂主要依
賴於我們心靈的能力。很明顯的是，我們的幸福很大程度上
依賴我們的本性是什麼、我們的個性如何。所謂命運一般是
指我們有些什麼，又或者我們的名聲怎樣。就這一點來說，

我們當然可以促進我們的命運。但是，倘若我們內在的生命富有的話，我們就不會多求我們有些什麼了。另一方面，天性愚昧的人終其一生仍然是愚昧之人，即便在樂園中被智者包圍，他也難以脫離愚昧之人的個性。

通常的經驗指出：生命中的主體因素之重要性對於人生的快樂與幸福來說，遠超過客觀因素，這可以從飢不擇食、少年與成年人不能相互為伍到天才和聖人的生活中看出來。在諸多幸福中，人的健康勝過任何其他幸福，我們可以理直氣壯地說：一個身體健康的乞丐要比疾病纏身的國王幸福得多。平靜歡愉的氣質、快快樂樂地享受非常健全的體格、思慮清晰、生性活潑、洞徹事理、意欲溫和、心地善良，這些都不是身分與財富所能代替的。一個人最重要的不是他擁有什麼，而是他自己是什麼。當我們獨處的時候，是我們自己陪伴自己，上面所提到的這些美好的東西既沒有人能給你，也沒有人能拿走，這些東西比我們所占有的任何其他事物都重要，甚至比別人如何看我們來得重要。一個具有理性的人在獨處時，沉浸於自己的思想與遐想中，其樂無窮。然而，那些世俗的快樂，諸如遊覽、娛樂，無法讓愚昧無知的人避免煩惱。一個性格溫和優雅之人，即便是在貧乏的環境中也能怡然自得；而一個貪婪、充滿嫉妒和怨恨的人，即使他是世界上最富有的人，他的生命也是悲慘的。具有常樂這種特

殊個性的人，他擁有高度的理智，別人所追求的那些快樂對他來說是多餘的，甚至是一種負擔和困擾。當蘇格拉底看到許多奢侈品在販賣的時候，他不禁說道：「這個世界上有多少東西是我不需要的啊！」

　　由此，可以得出結論，我們生命快樂的最重要也是最基本的因素是我們的人格，如果沒有其他原因的話，人格是在任何環境中活動的一個不變因素。人格並不是命運可以支配的，也不是人為可以扭曲的。正因為此，人格與另兩類所描述的幸福相比，更具有絕對性價值。因此，從外部掌握人比想像的更加困難。同時，時間又進入到我們的生命中而發揮其無限的作用，我們受時間的影響，肉體和精神的支撐力將漸漸消失，唯有道德和品性才不受時間的影響。就時間所造成的毀滅性結果看，在此文當中另兩類所指的幸福，因不受時間的直接影響，在事實上就似乎優於第一類。由這兩類所得的幸福尚有其他的益處，那就是由於它們極具客觀和外在的性質，要得到它們並不難，至少每個人都可能占有它們。但是，所謂主體性就不是隨時可以得到的，主體性是與生俱在的一種微妙的權利，主體性是不變的，是不可讓與的，這對人生的命運來說是注定不變的。一個人的命運自生開始是怎樣的不能改變，怎樣的只能在已注定的生命活動線上開展自己，我們的生命如何恰像一顆行星，在什麼樣的位置就在

什麼樣的位置。

我們的生命力量所唯一能成就的事物，只不過是盡力地發揮我們可能具有的個人特質，且只有依我們的意志的作用來跟隨這些追求，尋求一種完滿性，承認可以使我們完滿的事物，和避免那些使我們不能完滿的事物。這樣一來，我們便會選擇那些最適合我們發展的職位、職業以及生活方式。

可以想像一下，一位超級大力士因為環境需求，被迫從事某種腦力勞動工作，或者研究某種需要其他能力的工作，而他又恰恰缺乏這種能力。人如果處在這種環境下，一生都不會感覺到快樂。更為不幸的一種人是本身具有非常高的理解能力，卻缺少得到充分發揮自己才智的機會，相反去做一些無法勝任的體力勞動工作。我們應該留意這種情形，尤其是在年輕時，應避免站在能力所不能勝任的懸崖邊，或施展出多餘的能力。

在人格項目下所描述的幸福，遠遠超過其他項目所描述的。用心維護健康和培養心靈，遠比只知道聚集財富要明智得多，但這絕不是說我們可以疏忽生活獲得必要的供給。許多富有之人之所以感覺不到快樂，是因為他們缺少真正的精神教育或是知識，結果就沒有理智活動的客觀興趣。因為人除了某些現實和自然性的需求要獲得滿足，一切財富的占有，對幸福一詞的實質意義來說，影響是較小的。事實上有

時財富反而妨礙幸福，因為保存財富常給人帶來許多不可避免的懸念。然而人樂於自己富有遠超乎獲得教育的興趣，雖然人的教育對幸福的影響遠超過財富對幸福的影響，但人還是不斷地追求財富。我們看到許多人像螞蟻一樣，整天忙忙碌碌以聚集財產，除了獲取錢財外，其他便一無所知。這種人的心靈空白一片，結果對任何其他事物的影響便顯得麻木不仁。他們對理智的高度幸福無能為力，就只有沉迷在聲色犬馬中，任意揮霍，求得片刻的感官享受。如果幸運的話，他們奮鬥的結果就是獲得巨大的財富，死後留給繼承人，或者亂花一通。像這種人的人生，看來雖煞有介事和頗具重要感，實際上就和其他許多愚昧的人一樣，不過是愚昧的終其一生而已。

　　因此，人自身所具有的是什麼，主要因素存在於他的幸福中。因為這是一種規則，絕大多數人盡一切力量奮鬥，想最終擺脫貧窮，那是很難獲得幸福的。這種人的心靈是空虛的，想像是遲鈍的，精神是貧乏的。所謂物以類聚，他只有和他一樣的人混在一起，放浪形骸，縱情縱欲。富有家庭的年少子弟繼承了大量的財產後，就盡情揮霍，究其原因，無非是心靈空虛，對自己的生存感到厭倦。他們的行為昭示，其外表是富有的，而內在卻是貧窮的，他唯一無望的努力便是用自己外在的財富來彌補內在的貧窮，試圖從外界獲得一切事物，結果是：

一個內在貧窮的人到頭來外在也變得貧窮了。

　　至於第三類與第二類比較起來，因為只是存在於別人的意見中，在性質上就較不重要了。然而每個人仍在追求名譽。另一方面，官位只有讓服務政府的人去追求，而名聲卻是由少數人所追求的。在任何情況中，名譽被視為一種無價的財寶，而名聲是一個人所能獲得的最寶貴的事物。只有愚蠢的人才會為了取得爵位而捨棄財富。這二類和第三類是一種相互關聯的因果關係。讓別人喜歡自己，不論出於什麼方式，其目的還是想得到我們所需要的。

　　世界相同，每個人卻大異其趣，這和人的追求、價值觀及其心靈的差異有著緊密的連繫。有人甘願為財富而放棄精神生活的追求，最終成為財富的奴隸，使心性受到禁錮。也有人樂得清閒，做自己能做的事，即便過清苦的生活也能樂在其中，樂此不疲。每個人都根據自己獨有的個性，特立獨行，或詩意或狼狽地棲居著。

幸福與否取決於人的心態

　　從通常意義來講，人是什麼比他有什麼和別人對他的評價怎樣更影響他的幸福。因為個性隨時隨地伴隨著人並且影響著他，因此，人格 —— 人本身所具有的東西 —— 是我們首先應該考慮的問題。從各種享樂裡獲得快樂的程度因人而

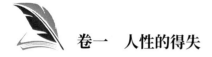

異。我們都知道在肉體享受方面確實如此，精神享受方面亦是如此。

　　一個性格有缺陷的人只會將所有的快樂都看成不快樂，好比美酒倒進充滿膽汁的口中也會變苦一樣，原本快樂的事情也會因此而變得苦不堪言。因此生命的幸福與困厄，不在於降臨的事情本身是苦還是甜，而要看我們如何面對這些事情以及我們的感受如何。人是什麼？他本身所具有的一些特質是什麼？用兩個字來說，就是人格。人格所具備的一切特質是人的幸福與快樂最根本和直接的影響因素，其他因素都是間接的、媒介性的，所以它們的影響力也可以消除、破滅，但人格因素的影響卻是不可消除的。這就說明為什麼人類根深蒂固的嫉妒心性難以消除，不但如此，還小心翼翼地掩飾自己的嫉妒。

　　在所有我們做過和經歷過的事情中，我們的意識及素養總占據著一個經久不變的地位，其他的影響都依賴機遇。機遇如過眼雲煙，稍縱即逝，且常變動不已，只有個性在我們生命的任何時刻都不停地工作。所以，亞里斯多德說：「持久不變的並不是財富而是人的性格。」我們對完全來自外界的厄運還可以容忍，但對由自己的個性導致的苦難卻無法承受，只因運氣可能改變，個性卻難以改變。人自身的福分，如高貴的天性、精明的頭腦、樂觀的氣質、爽朗的精神、健

康的體魄，簡單說，是幸福的第一要素。所以，我們應盡心
盡力地去促進和保持這類使人生幸福的特質，莫孜孜以求於
外界的功名與利祿。

在這些內在品格裡，最能給人帶來直接快樂的莫過於
「愉悅健全的精神」，因為美好的品格自身便是一種幸福。
愉快而喜悅的人是幸福的，之所以如此，只因其個人的本性
就是愉快而喜悅的。這種美好的品格可以彌補因其他一切幸
福的喪失所產生的缺憾。如果你常常笑，你就是幸福的；如
果你常常哭，你就是不幸福的。當愉快的心情敲響你的心
門時，你就該打開心門，讓愉快與你同在，因為它的到來
總是好的。但人們卻常猶豫著不敢讓自己太開心，唯恐樂
極生悲，帶來災禍。事實上，「愉快」的本身便是直接的收
穫——它不是銀行裡的支票，卻是換取幸福的現金。因為
它可以使我們立刻獲得快樂，是我們人類所能得到的最大幸
事。為什麼這樣說？因為就我們的存在對當前來說，只不過
是介於兩個永恆之間極短暫的一瞬間而已。我們追尋幸福的
最高目標就是保障和促進這種愉快的心情。

能夠促進心情愉悅的是健康，而並非財富。因此，我們
應該盡力維護健康，因為唯有健康方能綻放出愉悅的花朵。
至於如何維護健康實在也無須我來指明——避免任何過度
放縱自己和激烈不愉快的情緒，也不要太抑制自己，經常做

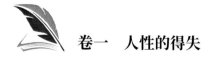

戶外運動、洗冷水浴以及遵守衛生原則。沒有適度的日常運動，便不可能永遠健康。生命過程是仰賴體內各種器官的不停運作，運作的結果不僅影響到身體各部位，也影響了全身。亞里斯多德說：「生命便是運動。」運動也的確是生命的本質。

　　一個人幸福與否取決於他的精神，精神的好壞又與健康息息相關。一般說來，人的幸福十之八九有賴健康的身心。有了健康，每件事都是令人快樂的，失掉健康就失掉了快樂。即使一個人具有如此偉大的心靈、樂觀的氣質，也會因健康的喪失而黯然失色，甚至變質。所以當兩人見面時，我們首先是問候對方的健康情形，相互祝福身體康泰。健康是成就人類幸福最重要的成分，只有最愚昧的人才會為了其他的幸福犧牲健康。不管其他的幸福是功名、利祿、學識，還是過眼雲煙似的感官享受，世間再沒有任何事物比健康更重要了。

　　健康能給我們在極大程度上帶來愉悅的心情，這種心情乃是幸福的本質。不過快樂的心情並不完全仰賴健康，一個人的體質上極其完美健全，但他們有可能憂鬱悲傷、多愁善感，並且經常萌生和屈從於一些悲哀的念頭。憂鬱根源於更為內在的體質上，此種體質是無法改變的，它繫於一個人的敏感性和體力、生命力的普遍關係中。

　　柏拉圖將人分為性格溫和快樂的人和性格抑鬱難以相處的人。他指出，不同的人對於快樂和痛苦的印象有不同程度的承受性，所以，面對同樣的事情，有人可能會痛苦絕望，有人可能會一笑置之。大概對不快樂的印象承受性愈強的人對快樂的印象的承受性愈弱，反之亦然。每件事情的結果不是好就是壞，總擔憂和煩惱的事情可能轉壞，因此，即使結果是好的，他們也快樂不起來了；另一方面卻不擔心壞結果，如果結果是好的，他們便很快樂。這就好比兩個人，一個在十次事業裡成功了九次，還是不快樂，他只知道懊惱那失敗的一次；另一個只成功了一次，卻在這次的成功裡得到安慰和快樂。

　　世界上有利的事情自有其弊端，有弊端的事同樣也有其利。抑鬱而充滿憂慮個性的人所遭遇和必須克服的困厄苦難多半是想像的，而歡樂又漫不經心的人所遭受的困苦都是實在的。因此凡事往壞處想的人不容易受失望的打擊，反之，凡事只見光明一面的人卻常常不能如願。

　　內心本有憂鬱傾向的人假如又患有精神病或消化器官不良症，那麼因為長期的身體不舒適，憂鬱便會轉變成為對生命的厭倦。這樣，小小的不如意便會令自己自殺，更糟的是，即便沒有特殊的原因也會自殺。這種人因長久的不幸福而想自殺，往往會冷靜而堅定地執行他的決定。根據我們觀

察，這樣一個受苦者在因厭倦生命到極點時，確實沒有一絲戰慄、掙扎和畏縮，只焦急地等待著他人不注意時便立刻自殺，自殺幾乎成了最自然和最受他歡迎的解脫工具。世上即使最健康和愉快的人也可能自殺，只要他對外在的困難和不可避免的厄運的恐懼超過了他對死亡的恐懼，就會走上自殺的路。對快樂的人而言，唯有高度的苦難才會導致他自殺；對原本抑鬱的人來說，只要微微的苦難就會使他自殺，二者的差別就在受苦的程度。愈是憂鬱的人需求的程度愈低，最後甚至低到零度。但一個健康又愉快的人，非強烈的痛苦不足以致使他結束自己的生命。由於內在病態的憂鬱情緒被強化可能導致自殺，由於外來的巨大苦難也會使人想結束自己的生命。在純屬內在到純屬外在的肇因之二極之間，還存在不同程度的區別。

美也是健康的事物之一。雖然美只是個人的一種優點，與幸福不構成直接的關係，但卻間接給予他人一種幸福的印象。所以即使對男人來說，美也有它的重要性。美可以說是一封打開了的介紹信，它使每個見到這封信的人都對持這封信的人油然而生歡喜之心。荷馬說得好：美是神的賜予，不可輕易拋擲。

只須略微觀察一下就會發現，痛苦與厭倦是人類幸福的兩大勁敵。甚至可以說，即使我們有幸遠離了痛苦，也會離

厭倦更近；若遠離了厭倦，痛苦又靠近了我們，人生多少有些游移於這兩者之間。貧窮和困乏帶來痛苦，太得意時，人又生厭。所以，當下層階級無休止地與困乏也就是痛苦掙扎時，上流社會卻和「厭倦」在打持久戰。在內在或主觀的狀態中，對立的起因是由於人的承受性與心靈能力成正比，而個人對痛苦的承受性又與厭倦的承受性成反比。心靈空虛是厭倦的根源，這就好比興奮過後的喘息，人們需要尋找某些事物來填補空下來的心靈。由於內在的空洞，人們尋求社交、娛樂和各類享受，因此就產生了奢侈浪費與災禍。人避免災禍的最好方法，莫如增加自己的心靈財富。人的心靈財富愈多，厭倦所占的地位就愈小。那永不竭盡的思考活動在錯綜複雜的自我和包羅萬象的自然裡，尋找新的資料，進行新的組合，我們如此不斷鼓舞心靈，除了休閒時刻以外，就再不會讓厭倦乘虛而入。

但是，從另一方面來看，高度的才智根植於高度的承受性、強大的意志力和強烈的感情上。這三者的結合體易動感情，對各種肉體和精神痛苦的敏感性增高，不耐阻礙，厭惡挫折 —— 這些性質又因高度想像力的作用，更為增強，使整個思潮（其中包括不愉快的思潮）都好似真實存在一樣。以上所言的人性特質，適用於任何一種人 —— 自最笨的人到空前的大天才都是如此。所以，無論是主觀還是客觀，一

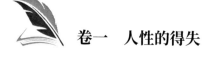

個人接近了痛苦便遠離厭倦，反之亦然。人的天賦氣質決定他受苦的種類，客觀環境也受主觀傾向的影響，人所採取的手段總是用來應付必須經常承受的苦難，因此客觀事件有些對他有特殊意義，有些就沒有什麼特殊意義，這是由天賦氣質來決定的。聰明的人首先努力爭取的是免於痛苦和煩惱的自由，求得安靜和閒暇，過平靜和節儉的生活，減少與他人的接觸，所以，智者在和他人相處了極短的時間後，就會退隱。若他有極高的智慧，他更會選擇獨居。一個人內在所具備的愈多，求之於他人的就愈少，他人能給自己的也愈少。所以，人 ── 智慧越高，越不合群。

　　然而，那些經常受苦的人，一旦脫離了困乏的痛苦，便會立即不顧一切地追求娛樂消遣和社交，唯恐獨守孤寂，與任何人都一拍即合。何以如此？只因人在孤獨時委身於自己，他內在財富的多寡便一覽無遺。愚笨的人，雖衣著華麗，也會因他擁有的卑下性格呻吟，永遠無法擺脫這種包袱。然而，資質聰慧、才華洋溢之士則會以其充滿活力的思想擺脫單調乏味的處境，即使身在荒野，亦不會感到寂寞。塞內卡（Lucius Annaeus Seneca）宣稱，愚蠢是生命的包袱。這話實是至理名言。

　　人們將大腦視為寄生物，彷彿它就是寄居在人體內接受養老金的人，而閒暇，即一個人充分享受自己意識和人格的

時間，乃是生存得以休息的產物，是它們辛苦、勞累的成果。然而，大部分人在閒暇裡得到些什麼呢？除了感官享樂和浪費外，便只是厭倦與無聊了。這樣度過的閒暇真是毫無價值。亞里斯多德說：無知的人的閒暇是多麼可悲啊！而如何享受閒暇實是現代人的最大問題。

閒暇使人直接面對自己，所以內心擁有真實財富的人才真正懂得歡度閒暇。然而，大多數人的閒暇又是什麼呢？一般人總把閒暇看作一無是處，他們對閒暇顯得非常厭倦，當成沉重的負擔。這時，他的個性就成為自己最大的負擔。

事實上，最幸福的人乃是自身擁有足夠內在財富的人，因為他對於外界的需求極少或者根本無所需求。需求的代價是昂貴的，它可能會引起危險，肇生麻煩。因此，人們不應該從別人那裡期待過多。我們要知道，每個人能為他人所做的事情並不多，到頭來，任何人都得各自為政。重要的是，知道那各自為政的不是別人，正是自己。這道理在歌德《詩與真理》一書中有所闡述：人們在所有事情上最終只能求助於自己。

人所能作為和成就的最高極限，無法逾越自我。人愈能發現自己原本是一切快樂的泉源，愈能做到這一點，就愈能使自己幸福。所以，亞里斯多德講過這樣一條偉大真理：「知足者常樂。」所有其他的幸福來源，在其本質上是不確

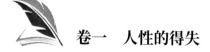

定、不可靠的，它們都猶如過眼雲煙，隨機緣而定。所以，在最有利的條件下，也可能輕易消失，這原本就是無法避免的事情。當人到老年，這些幸福之源也就必然枯竭。到那個時候，所謂愛情、才智、旅行欲，甚至社交能力都遠離我們了，那可怕的死亡更是奪走我們的親人和友人 —— 在這樣的時刻，人更須依靠自身，因為唯有自己才是長久伴隨我們的。在人生的各個階段裡，自己是唯一真正和持久幸福的泉源。

在充滿悲慘與痛苦的世界中，我們究竟能求得什麼呢？每個人到頭來除了自己以外都是一無所得！人一旦想逃避悲慘與痛苦，就難免落入「厭倦」的魔掌中，況且在這個世界上，又常是惡人得勢，愚聲震天。每個人的命運是殘酷的，而整個的人類也原是可憐的。世界既然如此，也唯有內在豐富的人才是幸福的。缺乏內在生命的人，其悲慘就好比在暮冬深夜的冰雪中。所以，世上命運好的人，無疑是指那些具備天賦才情、有豐富個性的人。這種人的生活，雖然不一定是光輝燦爛的生活，但卻是最幸福的生活。人要獲得獨立自主和閒暇，就必須自制欲望，隨時修身養性，並且不受世俗喜好和外在世界的束縛。這樣，人就不致為了功名利祿，或為了博得他人的喜愛和歡呼，而犧牲自己來屈就世俗低下的欲望和趣味。有智慧的人是絕不會這樣做的，而必然會聽從

荷瑞思的訓示。荷瑞思說：「世上最大的傻子是為了外在而犧牲內在，以及為了光彩、地位、壯觀、頭銜和榮譽而付出全部或大部分閒暇和自己的獨立的人。」

人類生而具有與困難對抗的力量，一旦困難消失，對抗也就終止，這些力量便無處使用，反而變成生命的一種負擔。這時，為了免受厭倦的痛苦，人還須啟動並且運用自己的力量。

日常生活中，一旦沒有了熱忱來刺激，便會使人感到沉悶、厭煩、乏味，有了熱忱，生活又會變得痛苦不堪。唯有上天賦有過多才智的人是幸福的，因為這能夠使他們過理智的生活，過無痛苦的趣味橫生的生活。只有閒暇自身而無理智，那是很不夠的，必須有實在的超人的力量，要免於意志的作用而求助於理智。正如塞內卡所說：無知者的閒暇莫過於死亡，等於生存的墳墓。

一般人將其一生幸福寄託於外界事物上，或是財產、地位、愛妻和子女，或是友人、社會等等，一旦失去他們，或是他們令他失望，他的幸福根基也就毀壞了。對於睿智之士來說，與天才相比，雖沒有顯著的才華，但比一般人又聰慧得多。他們愛好藝術但又不精通，也研究幾門無關緊要的學科，當外界的幸福之源耗竭或不再能滿足他們時，也頗能讀書自娛。這種人的重心可說部分在自己身上。唯有具備極高

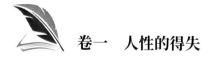

的睿智力，也就是另一種人 —— 天才，才能對知識抱有強烈
的求知欲，他能投入全部的時間和所有的精力，力圖陳述他
獨特的觀念，或用詩、或以哲學來表達它對生命的看法。這
類人把重心完全放在了自己身上，他們只要有真正的自我，
即使失去其他一切也無所謂。

現在，我們可以得出這樣的結論：天生有充足睿智的
人，是最幸福的人。

人一生是幸福相伴還是困厄連連，並不取決於降臨在我
們身上的事情本身是苦還是甜，而是取決於我們面對這些事
情時的心態。人面對這些事情的心態怎樣，決定他是否能收
穫快樂，決定他收穫快樂的多寡。甚至毫不誇張地說，幸福
與否取決於人的心態。

各人素養不同，人生自然有別

伊壁鳩魯將人類的需求分為三類：第一類是自然而必要
的需求，諸如食物和衣著。這些需求易於滿足，一旦匱乏便
會產生痛苦。第二類是自然但不必要的需求，比如某些感官
的滿足。第三類是既非自然又非必要的需求，如對奢侈、揮
霍、炫耀以及光彩的渴望。這種需求像無底的深淵一樣，是
很難滿足的。

　　用理性來定出財富欲的界線，雖然並非不可能，但絕對是一件很困難的事，因為我們找不出能夠滿足人的絕對肯定的財富量究竟要多大。這種數量總是相對的，正如意志在他所求和所得間維持著一定的比例。僅以人之所得來衡量他的幸福，不顧他希望得的究竟有多少，這種方法之無效，就好比僅有分子沒有分母無法寫成分數一樣。

　　人不會對他不指望得到的東西有失落感，因為沒有得到那些東西，他依舊很快樂；相對的，另一類人雖然擁有巨額財富，依然會為了無法得到他希望得到的東西而苦惱。在他視力可及範圍內的東西，若他有信心獲得，他便會感覺很快樂；但倘若障礙重重，難以得手，他便會產生萬千苦惱。

　　每一個人的能力都有限，在這有限的範圍之外的東西能否得到，對他不會有什麼影響。正因為此，富人的巨額財富不會讓窮人眼紅，富人也無法以其財富去彌補希望的落空所帶來的失落感。財富好比海水，你喝得愈多，愈是口渴，聲名同樣如此。財富的喪失，除了產生第一次陣痛之外，並不會改變人的習慣氣質，因為一旦命運減少了人的財產，他立即自動減少自己的權利。然而噩運降臨時，權利的減少是非常痛苦的事，可是一旦做了，痛苦便會逐漸減少，直到你對此喪失感覺，就好像痊癒的舊創一樣不再感到疼痛。反之，好運的到來會促使我們的權利愈升愈高，不可約束。這種擴

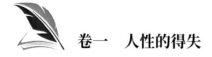
展感會給人帶來短暫的快樂。之所以說它是短暫性的快樂，是因為一旦擴展完成，快樂也就隨之消失殆盡。我們習慣了權利的增加，便逐漸對滿足他們的財富不再關心。《奧德賽》中有一段話便是描述這個真理的：

「當我們無力增加財富，又不斷企圖增加權利時，不滿之情便油然而生了。」

如果我們能考慮到人類的需求是何等的多，人類的生存如何仰賴這些需求，我們便會明白財富為何比世上其他東西更為尊貴，為何財富占著極為榮耀的位置；我們也不會對有些人把賺取財富當成生命的唯一目標，並且把其他不屬此途的 —— 如哲學，推至一邊或拋棄於外感到驚奇了。人們常常因為追求金錢和熱愛金錢超過一切而受斥責，但這是很自然和不可避免的事。它就像多變和永不疲乏的海神一樣，不斷追求各種事物，隨時企圖滿足自己的欲求和希望。每一件其他的事都可成為滿足的事物，但一個事物只能滿足一個希望和一個需求。食物是好的，但只有飢餓時才是最好的；如果知道如何品嘗酒的話，酒也是好的；人生病時，藥才是好的；在冬天，火爐是最好的；年輕時，愛情是好的。但是，所有的好都是相對的，只有錢才是絕對的好，因為錢不但能實際地滿足每個特殊需求，而且能抽象地滿足一切。

人如果有一筆頗足自給的財富，便該把這筆財富當作抵

禦他可能遭遇的禍患和不幸的保障，而不應把這筆財富當作
在世上尋歡作樂的通行證，或認為錢財本當如此花費。凡是
白手起家的人們，常認為指引他們致富的才能方是他們的本
錢，而他們所賺的錢卻只相當於利潤，於是他們盡數地花費
所賺的錢，卻並不懂得存起一部分作為固定的資本。這類人
大多會再次陷於窮困中：他們的收入或是減少，甚至是再沒
有收入，這又是起因於他們才能的耗竭，或者是時境的遷變
使他們的才能變得不再有價值。然而依賴手工技藝為生的人
卻不妨任意花用他們的所得，因為手工技藝是一種不易消失
的技能，即便某人的手工技藝失去了，他的同事也可以代替
他，再說這類勞力的工作是為社會的經常性需求，正如一句
諺語所說：「有用的專長就好比一座金礦。」但是對藝術家
和其他任何專家來說情形又有所不同，這也是為什麼後兩者
的收入比手工技藝工人好得多的原因。這些收入好的人本該
存起一部分收入來做資本，可是他們卻毫無顧忌地將收入當
作利潤來盡數花用，以致日後終於覆滅。另一方面，繼承遺
產的人起碼能分清資本和利潤，並且盡力保全他的資本，不
輕易動用，如果可能，他們還至少儲存起八分之一的利息來
應付未來的臨時事故。所以他們之中大部分人能保持其位而
不墜。以上有關資本和利潤的幾點陳述並不適用在商業界，
因為金錢之於商人，好比工具之於工人，只是獲取更多利益

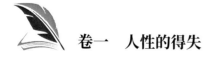
的手段，所以即便他的資本完全是自己努力賺來的，他仍會靈活地運用這些錢以保有和增加更多的財富。因此，沒有別的地方會像商業階級裡一樣，不足為奇地把財富當成家常便飯。

如果我們用心觀察便會發現，那些體驗過困乏和貧窮滋味的人不會再懼怕困苦，因此他們也比那些家境富裕的人更容易形成揮霍的習慣。生長於良好環境裡的人通常比依賴運氣致富的暴發戶更懂得節省，更知道盤算未來。這樣看來，真正的貧窮似乎並沒有傳聞中的那麼可怕。可是，真正的原因卻是那出生良好的人把財富看得和氧氣一樣重要，沒有了財富他就不知怎樣生活。於是他像保護自己生命般保護他的財富，他因此也懂得節儉。從小習慣於貧窮的人，過慣了窮人的生活，一旦致富，他也能將財富視為塵土般不重要，視作可以拿來享受和浪費的多餘品，因為他隨時可以過以前的那種苦日子，還可以減少因錢所帶來的焦慮。莎士比亞在《亨利四世》一劇中說道：「乞丐可悠哉悠哉地過一生，這話真是不錯！」

然而我們不得不說，生於窮苦的人有著堅定而豐富的信心，他們相信命運，也相信天無絕人之路 —— 相信自己的頭腦，也仰賴自己的心靈。所以與有錢人不同的是，他們從不將貧窮的陰影視為無底的黑暗，他們堅信，即便摔倒也可以

再爬起來。人性中的這項特徵說明為什麼婚前窮苦的妻子較有豐厚嫁妝的太太更愛花費和有更多的要求。這是因為富有的女子不僅帶著財富來，也帶著比窮人家的女子更具有渴切保存這些財富的本能。假使有人懷疑我的這段話，而且以為事實恰恰相反的話，他可以在阿里奧斯托（Ludovico Ariosto）的第一首諷刺詩中找到相似的觀點。另一方面，姜生博士的一段話也恰好印證了我的觀點，他說：「出身富裕的婦女，早已習慣支配金錢，所以知道謹慎地花錢；但是一個因為結婚而首次獲得金錢支配權的女子，會更喜歡花錢，以至於十分浪費而奢侈。」總之，讓我在此勸告娶了貧家女子的人們，不要把本錢留給她花用，只交給她利息就夠了，而且要千萬小心，別讓他掌管子女的贍養費用。

當我奉勸大家謹慎保存你們所賺或所繼承的財富時，我衷心認為這是一件很值得一提的事。因為假如有一筆錢可以讓人不需要工作就可獨立而舒服地過日子，即使這筆錢只夠一個人用 —— 更別提夠一家用了 —— 也是件很大的便宜事，因為有了這筆錢便可以免除那如慢性惡疾般緊附於人身上的貧窮，可以自幾乎是人類必然命運的強迫勞役中解脫出來。只有在這樣良好命運下的人才可以說是生而自由的，才能成為自己所處時代和力量的主人，才能在每個清晨自豪地說：「這一天是我的。」也就是這個原因，每年有一百塊收

入的人與每年有一千塊收入的人之間的差別，遠小於前者與一個一無所有的人之間的差別。遺傳下來的財富如果是為具備高度心智力的人所獲得，那麼這筆財富就能發揮其最大的價值，這種人多半追求一種不能賺錢的生活，所以他如果獲得了遺產，就如同獲得上天的雙倍賜予，更能發揮其聰明才智，完成他人所不能完成的工作，這種工作能促進大眾福利並且增進人類全體的榮耀。如果他以百倍於區區幾文錢的價值，報答了曾給他這區區之數的人類，另一種人或許會將他所得的遺產去經營慈善事業以濟助他人。然而如果他對上述的事業都不感興趣，也不嘗試著去做，他從不專心去徹底地研究一門知識，以促進這種知識，這種人如果生長在富有的環境就只會使他更愚痴，成為時代的毒瘤，而為他人所不齒。在此情形下，他也不會幸福，因為金錢雖然使他免於飢餓之苦，卻將他帶到了一種令人苦痛的極端──煩悶。這種煩悶使他非常痛苦，以至於他寧可貧窮，假如貧窮能給他一些可做的事情。也由於煩悶便傾向浪費，以至於失掉了這種他以為不值得占的便宜。無數的人們當他們有錢時，便把金錢拿來購買暫時的解放，以求不受煩悶感的壓迫，到頭來他們終於發現自己又一無所有了。

　　如果一個人追求的目標是政治生涯的成功，那麼情形又有所不同，因為在政治圈，徇私、朋友和各種關係都是尤為

重要的，這些可以幫助他一步步地擢升到成功之梯的頂端。在這類生活中，放逐到世間身無分文的人是比較容易成功的，如果他滿腹雄心，又具有真才實學，那麼出身低微、身無分文的情況不但不會阻撓他的事業，反而能增加他的聲望。因為幾乎每個人在平日與他人交往時，無不希望他人有所不如自己，在政治圈裡這種情形更為明顯。一個窮光蛋，不管從哪方面來看，都是不如他人的，更由於他是全然的渺小和微不足道，反而能無聲無息地在政治這場遊戲中取得一席之地。唯有他能夠深深地鞠躬，必要時還可以磕頭；唯有他能屈服於任何事且能承受他人的冷嘲熱諷；唯有他知道仁義道德的一文不值；唯有他在提及或寫到某長官的需求時能使用最大的聲量和最大膽的筆調；只要信手拈來，這些產物都能譽為是神的傑作。唯有他了解如何乞求，所以 —— 當他脫離了孩童時期，他便馬上成為教士來宣揚這種歌德所揭示的隱含的祕密。

我們無須抱怨世俗的低下，因為不管人們說什麼，他們都統治著世界。

另一方面，生來就有足夠財產可以自由生活的人，通常都有一顆獨立的心，他堅決拒絕同流合汙；他也鄙視對人奴顏乞討；他甚至還想追求一點才性，雖然他應該知道這種高潔的才氣遠不是凡人的諂媚的對手；這樣慢慢地認清了居高

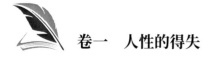

位者的真面目，於是當他們羞辱自己時，也就會變得更倔強、更無恥了。那些身居高位的人，原是高處不勝寒啊！這種人絕非得世之道。他們終會認同伏爾泰所說的一段話：

「生命短促如蜉蝣，將短短的一生去奉承那些卑鄙的惡棍是多麼不值啊！」

然而，世間「卑鄙的惡棍」又何其多呢！所以，伊凡諾夫又說：「如果你的貧窮大過才氣，你是很難有成就的。」這段話可以適用在藝術和文學界中，但卻不適用在政治圈及社會的野心上。

在以上所敘述的人之資產中，我沒有提到妻子與子女，因為我以為自己是為他們所有而非占有他們的。此外，似乎我應該提到朋友，但是朋友關係屬一種相互的關係，所以我也並沒有在此提及。

世界上沒有完全相同的兩個人，就如同沒有完全相同的兩片樹葉一樣。這種不同，從外在來說，是容貌的差異；從內在來說，是觀念、意識、思想、品德和修養等品性上的差異。正因為這種差異的存在，使得每個人的人生與他人截然不同。

人總是對痛苦異常敏感，對快樂麻木不仁

假如說我們的生活最為接近和最為直接的目的並不是痛苦，那麼在這個世界上，就沒有比我們的生存更違背目的的東西了。很顯然，認為那些源自匱乏和苦難、充斥世界各個角落的無窮無盡的痛苦沒有任何目的，純屬意外，這一假設本身就非常荒謬。我們對痛苦異常敏感，但對快樂卻有些麻木。儘管個體的不幸看上去純屬例外，但就總體來說，不幸卻是規律中一貫存在的情況。

水流只有在遭遇障礙時才會產生漩渦，同樣的情形，人性和獸性也讓我們無法真正察覺到那些與我們意志完全一致的事物。如果我們留心觀察，那是由於意志遭遇了某些阻礙。與此相比較，所有阻礙、違背，與我們的意志相抵觸的事情，即所有令我們感到難受和痛苦的事情，即刻就會被我們感覺到。就像我們不會對身體的整體健康感到滿意，而只會專注於鞋子夾腳的某個細微之處；對進展順利的事情我們毫不留心，卻時刻為雞毛蒜皮的小事而煩惱。「舒適與幸福具有否定的性質，而痛苦則具肯定的特性」，這條我已多次強調的真理，正是以上述事實為基礎的。

所以我認為，形上學體系中認為痛苦和不幸為負面的觀點，大部分都是荒謬至極的。其實，事實剛好與之相反，痛

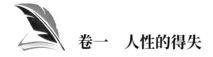

苦和不幸恰是正向的，是能夠引發我們感觸的事物。而所謂好的事物，即所有的幸福和心滿意足，卻是否定的，意味著願望的消失和痛苦的終結。

還有一個事實與此相吻合，那就是：快樂總是遠遠低於我們的期望，而痛苦則永遠超出我們對它的想像。

如果有誰對此持有不同看法，認為這世上快樂遠超痛苦，或者說兩者基本持平，那他只要在一個動物吞吃另一個動物之時，將兩者各自的感受互相對比一下就夠了。

在遭受不幸或承受痛苦時，只要看看更加不幸的人就足夠安慰我們了 —— 這一點人人都能夠做到。但如果所有人都在承受這一切，我們還能找到其他有效的方法來安慰自我嗎？我們就如同一群在草原上無憂無慮生活的綿羊，而主宰綿羊命運的屠夫正在一旁虎視眈眈，心中早已想好宰殺的順序了。在幸福美好的日子裡，沒有人會想到命運此刻已為我們準備了種種不幸與痛苦：疾病、貧窮、迫害、殘疾、瘋狂甚至死亡，這些往往不期而至。

我們透過歷史來了解國家和民族以往的生活，然而除了戰爭和暴亂，歷史什麼也沒有留下，因為太平的日子實在過於短暫，只是作為中場休息，偶爾零散地出現。與此情形相同，個人的生活也是一場無休止的戰鬥。這並非指與匱乏與無聊進行對抗，而是實實在在的與他人的競爭。不管身在何

處，我們都能找到對手，持續不休地爭鬥，至死都手握武器。

我們分分秒秒被時間緊逼著，得不到絲毫喘息的機會。時間就像揮舞皮鞭的獄卒，在我們每個人身後步步緊逼，給我們的生活平添了許多痛苦和煩惱。只有那些無聊透頂的人，才能逃過此劫。

然而，如果人生沒有了匱乏、艱難、挫折與厭倦這些要素，人們的膽量與傲慢就會逐漸增加，我們的身體就會如同失去了大氣壓力，會瞬間爆炸，即便不會達到爆炸的程度，人們也會受之驅使做出難以想像的蠢事，人因此而變得瘋狂。所以無論在什麼時候，每個人都需要適量的勞心勞力，這正像船隻有裝上一定的壓載物，才能平穩航行一樣。

勞心勞力，是每一個人都不願意承受的事，但卻是終其一生都無法逃避的命運。然而，要是所有欲望還來不及出現就已經獲得了滿足，那人們又該用什麼樣的方式來消磨漫漫人生呢？如果人類生活在童話的極樂世界裡，那裡所有的一切都自動生長，烤熟的鴿子在空中自由地飛翔，每個人都很快就遇到了自己的伴侶，且不費吹灰之力地擁有對方。如果真是如此，那麼結果一定會是：一部分的人無聊得生不如死，甚至會自尋短見；另一部分的人則惹事生非，互相殘殺，以製造出比大自然加諸於他們身上的更多的痛苦。這樣看來，再沒別的更適合這類人活動和生存的舞臺了。

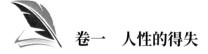

人在幸福的時候總是顯得滿不在乎，以為事情本來就應該如此，只有當他跌入不幸的陷阱時，才能感受到幸福的可貴。世人對痛苦表現得異常敏感，對快樂卻又顯得麻木不仁。這顯然是因為人性的偏見所致。

人比之動物更喜歡追逐幸福

我始終認為，舒適與幸福具有否定的性質，而痛苦則具有肯定的特性——因而，一個人是否過得幸福，並不以他曾經擁有過的快樂和享受為衡量尺度，而要看他這一生悲哀和痛苦的程度，這些才具有肯定的性質。但這樣一來，動物所遭受的命運似乎要比人的命運更好忍受了。讓我們詳細地分析一下這兩者的情況吧！

不管幸與不幸是以怎樣複雜多變的形式呈現在我們眼前，並刺激人們追逐幸福、逃避不幸，構成二者的物質基礎都源自於人身體上的滿意或痛苦。這一基礎無非就是健康、食物、免受惡劣環境的侵襲、獲得性慾的滿足，亦或者沒有這一切。所以，與動物相比，人並非有更多真正的身體享受——除了人較高級的神經系統對這些享樂有著更為敏感的感受。不過與此相對應的，人對每一種痛苦的感受也更加深刻了。人身上被刺激起來的情感，比動物的情感不知要強多少倍！情緒的波動也要深沉得多，激烈得多！然而這一切最

終的目的也並不比動物們高明多少：健康、飽暖等等，僅此而已。

　　人和動物之所以會表現出如此不同的情形，主要是因為人除了眼前的事，更多的還想到了將來。這樣一來，在經過思考的加工之後，一切的效果都被加強了。換句話說，正因為有了想法，人才有了憂慮、恐懼和希望。這些與現實的苦樂相比，對人的折磨更大，而動物感受到的苦樂只局限於當下的時刻。也就是說，動物沒有人冥思苦想這一苦樂的催化劑，因而不會累積快樂與痛苦，但人類透過回想和預測實現了這一點。對動物來說，此時此刻的痛苦終究只是當下的痛苦，即便這一痛苦循環反覆地出現，它也永遠只是此時此刻的痛苦，與它第一次出現時並沒有什麼本質上的不同，這樣的痛苦也不會有所累積。所以，動物擁有那種讓人羨慕不已的無憂無慮。與之相比，因為人類有了思想以及與之相關的東西，那些原本是人類和動物共有的苦樂體驗，在人類那裡的感覺卻大大加強了，而所有這一切會時不時造成瞬間的甚至致命的狂喜，或者是造成導致自殺行為的極度的痛苦和絕望。仔細想一想，事情就是如此。與滿足動物的需求相比，滿足人的需求原本只稍微困難一點，然而為了強化欲望獲得滿足時的快感，便人為地增加了自己的需求，奢侈、排場、菸酒、鴉片、珍饈……與此相關的事物隨之而來。不僅如

此，同樣是因為人擁有思想，那種因雄心、榮譽感和羞恥感
所產生的快樂或痛苦，也只有人類才能感受到。總之，這一
苦樂的泉源，即是人們對別人怎樣看待自己的關注。人的精
神超乎尋常地被這一泉源引起的苦樂占據著 —— 實際上，
所有其他方面的快樂或痛苦根本無法與之相比。為博得別人
好感的雄心壯志，雖然形式上多種多樣，但幾乎所有人都為
之努力奮鬥著 —— 而所有這些努力已不僅僅是為身體的苦
樂了。

　　儘管人比動物多了真正智力上的享受 —— 這其中有著等
級的差別，從最簡單的遊戲、談話，到人類創造的最高的精
神智慧的結晶 —— 然而，與此相對應的痛苦卻是無聊，這在
動物界是無法被感知的。處於自然狀態下的動物基本上是這
樣，那些被馴養的最聰明的動物或許會感知到這一點。對於
人類來說，無聊就猶如鞭笞般難受，我們可以從那些只知道
填滿錢袋卻腦袋空空的可憐人身上看到這種痛苦。對他們來
說，優越的生活條件已變為一種懲罰，致使他們落入了無聊
的深淵。為了逃避這一可怕的情形，他們雲遊四海，今天到
這裡旅遊，明天到那裡度假。每到一處陌生的地方，他們就
會在第一時間瞪大眼睛打聽可供「消遣」之處，那情形恰如
飢寒交迫的貧弱者憂心地詢問救濟局的所在地。事實上，匱
乏與無聊，正是人生的兩極。

　　令人驚嘆的是，因為擁有動物所沒有的思想，人就以自己和動物所共有的狹窄苦樂為基礎，構建起以自身的悲歡為材料的高大建築物。在涉及到悲歡和苦樂的方面時，人的心情會產生激烈的情緒波動與強烈的震撼，由此留下的印記將會以皺紋的形式清晰地鑴刻在臉上。可這一切獲得的結果到頭來和動物們的情況並沒有什麼不同 —— 相比之下，動物們只付出了少得可以忽略不計的情感和痛苦為代價！這一切，使得人們感受到的痛苦遠比快樂多得多，而這些痛苦還會因人們確切知道有死亡這件事而被明顯強化，動物們僅僅憑本能逃避死亡，卻並不明白死亡這一回事，因此，動物不會像人一樣，永遠面對著死亡這一前景。儘管只有少數的動物能夠修成正果，得盡天年，另一部分動物剛好有足夠的運氣和時間繁衍，要不就在幼小的時候便成了其他動物的腹中食，只有人才能做到一般意義上的自然死亡 —— 這其中也有相當偶然的成分 —— 即便如此，動物仍具有其優勢。除此之外，和動物一樣，人類之中能真正頤養天年的人數相當有限，人們非自然的生活狀態、過度的操勞和情慾的放縱，以及由此導致的物種退化，都必然導致這一結果。

　　動物只滿足於存在，植物則更是百分之百地滿足，而人能否滿足，則關鍵在於其意識的呆滯程度。動物對痛苦和快樂的感受比人要少許多。一方面，是因為動物不知道「擔

憂」，自然就不必承受因此帶來的折磨；另一方面，動物也無所謂「希望」，這樣，牠們就不會因為「想法」、「念頭」以及與此相關的種種幻想而期待「美好的明天」——而我們大部分人能感受到的幸福和快樂卻恰恰源於此。

　　所以從這一點來說，動物是沒有希望的。牠們沒有擔憂，沒有希望，因為牠們的意識只局限在直觀所見的事物上，也就是說，只局限於當時當刻，只有在當下直觀地呈現於牠們面前的事物，才能引起牠們極為短暫的恐懼與希望，而人的意識視野則貫穿其一生，甚至超出了這個範圍。但也正因為如此，與人類相比，動物從某些方面看似乎比人更具智慧——牠們可以心平氣和地、全身心地享受當下的時刻。因此，動物是現時的體驗，牠們安心地享受內心平靜的狀態，這常常令受到擔憂和思慮折磨、時常心生不滿的我們萬分慚愧。不僅如此，甚至連我們剛剛討論的希望與期待所能夠帶來的快樂也不是隨心所欲的：經由希望與期待所提前享有的滿足感將在稍後的時間裡從現時的享受中大打折扣——稍後所獲得的滿足剛好與之前的期待形成反比。與此相比，動物們就不會出現這樣的情況，享受既不會提前到來，也不會在稍後的時間裡造成什麼損失，牠們就是完整地、全然地享受當下真實的事物本身。與此相應的，不幸也只是短暫地打擾一下牠們，但對於人類，由於預測與恐懼，這種不幸會

無限放大。

　　動物所獨具的這種全然沉浸在當下的特點，讓我們只要看著那些馴養的動物，就會獲得很大的快樂。牠們是現時的化身，從某種意義上來說，動物們讓我們領略到了輕鬆明快時刻所擁有的價值。對於這些時刻，滿懷心事的人類經常是未加理會就讓其匆匆溜走了。然而，動物那種滿足於生存的特質卻受到自私自利的人類的濫用。動物們常常受到人類的剝削和壓迫，除了苟且偷生，牠們別無選擇。很明顯的實例就是，那天生翔翔在空中的小鳥，卻被人類囚禁於一尺見方的空間內，漸漸憔悴，最終哀嚎而死。因為困於籠中的無奈與鬱悶，使得牠的歌唱不再源自快樂，而是發於憤恨。

　　把小鳥關在一尺見方的囚籠裡也是虐待動物：把這種天生的飛行家囚禁在如此狹小封閉的空間裡，目的僅僅是為了聆聽牠們的哀嚎！這就是人類的殘忍性。

　　如果說我以上論述的目的只是為了提高人的理解力使其生活得比動物們更痛苦，那我們可將這種情況歸結於如下的一條普遍法則，我們還可由此對這一情況獲得更全面的了解。

　　就認知本身來說，無所謂痛苦。痛苦只與意志有關聯，它的情形不外乎就是意志受到阻礙、抑制，而對此的附加條件就是必須對阻礙和抑制加以理解，這正如同光線只在有物體反射它的情況下才能夠照亮空間，聲音只有在產生共鳴、

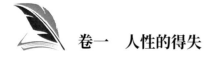

迴響，碰撞於硬物上振動空氣波，並限於一定的距離時才能被耳朵所聽見 —— 也正因為此，在孤絕的山頂上發出的吶喊和於空曠的平地上歌唱，只有微弱的音響效果。同樣的道理，意志所遭受的阻礙和抑制，必須具有適當的理解力，所謂的感覺痛苦才能夠成立，然而對於理解力本身來說，痛苦卻是陌生的。

　　所以，感受到肉體痛苦的前提，就是神經及其與腦髓的連接。因而如果手腳連接腦髓的神經被切斷，或者因為實施了氯仿麻醉而致使腦髓失去了自身的功能，那麼手腳受到損傷，是不會被我們所察覺的。因此，人一旦意識消失，在那之後出現在他身體上的抽搐便被視為沒有苦痛。而感知「精神」的痛苦要以認知為條件，就更不言而喻，很容易就能夠看出來精神的痛苦是隨著認知程度的提高而增加的。由此，我們可以用一個十分具體的比喻來揭示二者之間的關係：意志好比琴弦，對意志的阻礙或壓抑即是琴弦的顫動；認知則為琴上的共鳴板，痛苦則是由此產生的聲響。這樣看來，不管意志受到怎樣的壓抑，無機化合物和植物都不會有痛感。與此相比，不管是哪種動物，即便是纖毛蟲，也會有痛感，因為認知是動物的共性，無論這一認知多麼膚淺。隨著動物等級的提高，由認知而感受到的痛覺也逐漸增強。因而最低等的動物只感受到最輕微的痛苦，比如身體後半部幾乎被扯

斷的昆蟲，僅憑腸子的一點黏連仍可以狼吞虎嚥地進食。即便是最高等的動物，因為缺乏概念與思想，牠們所感知的痛苦也不能與人的痛苦相提並論。牠們只在否定意志的可能性之後（這全靠理智地反省），對痛苦的感知力才達到最大限度。倘若不存在否定意志的可能性，這一感受就成了毫無作用的殘酷折磨。

人和動物在本質上的區別是人比之動物更具有思考能力、創造能力。也正因為人具有動物缺乏的思考能力，因而在追逐幸福時表現得比動物更加貪婪；在應對困難時，又表現得比動物更難以承受痛苦。

沒有值得羨慕的人，只有值得同情的人

人在年輕的時候，往往對即將到來的生活充滿了憧憬，那神情就好比在劇院裡等待大幕開啟的孩子，興奮而迫切地期待著即將上演的一幕好劇。對現實將要發生的事情一無所知，實際上是一種福氣。在對真相一清二楚的人看來，這些孩童有時如同一群無辜的少年犯 —— 並非是被判死刑，而是被判要活下去，但這一判決所隱含的深義，他們並不會明白。即便是如此，每一個人都想長命百歲，也就是達到這樣的境界：從今後每況愈下，直至最糟糕的一天來臨。

　　如果我們盡最大可能來設想一下，在運轉的過程中，太陽所照耀到的各種匱乏、磨難以及痛苦的總和，我們就不得不承認：如果像月球那樣，太陽不曾在地球上創造出生命，而地球表面仍處在晶體的狀態，情況或許會更好一些。

　　此外，我們也可以將生活看作是在極樂的虛無與安寧中加進的一小段騷動的插曲——儘管毫無意義。不管怎樣，即便是那些看起來小日子過得有滋有味的人，也會活得越久，越會清醒地理解到：總體來看，生活就是幻滅，不，確切地說生活應該是場騙局；或者更準確地說，生活具有某種撲朔迷離的氣質。當兩個年輕時的知己，分別了大半輩子，在暮年之時又再度重逢，兩位白首老者間相互激起的就是「對自己一生全然徹底的幻滅與失望」感，因為只要看到對方，就會喚醒自己對早年生活的記憶。在那朝氣蓬勃的往昔歲月，在他們的眼中，生活散發著奇異的光芒。生活對我們的承諾如此之多，然而真正履行的又寥寥無幾。在昔日老友久別重逢之時，這種感覺明顯占據了上風，他們甚至無須用語言來表達，就彼此心有靈犀，在心靈感應的基礎上暢談懷舊。

　　如果一個人經歷了世事滄桑，便會產生一種類似旁觀者的心境：這名觀眾已遍覽了戲臺上所有的魔術雜耍，如果他繼續坐在觀眾席上，接下來的節目就都是以往見識過的東西。這些節目都是為了一場表演而設，因而在了解內容之

後，就不會再有什麼新奇感了，反覆看相同的表演只會令人感到乏味。

如果考慮到宇宙的浩渺繁雜：茫茫宇宙中，數不盡的燃燒著的、發著光的恆星，除了用自身的光熱照亮其他星球之外，再無別的事情可做，而被它們照亮的星球即是苦難與不幸上演的舞臺。身處其間，即便撞上天大的好運，我們所能得到的也只是無聊。就從我們所熟知的物種來看，這樣的判斷並不為過——要是把這一切全部考慮進去，那非讓人發瘋不可。

在這個世界上，沒有真正值得我們羨慕的人存在，相反，值得我們同情的人卻數不勝數。

生活如同是一件必須完成定額的工作。從這一意義上來看，所謂的「安息」實在是最貼切不過的描述。

人的壽命與人的欲望成反比，壽命愈長，人的欲望愈小。尤其當一個人經歷了世事滄桑後，便會從內心深處產生一種類似旁觀者的心境，對周遭發生的生離死別、天災人禍都能坦然待之，因為他們已然領悟到：生活就是幻滅。

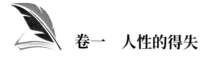

活在當下，當下的人生最精彩

生存的虛無感隨處可見，沒有絲毫隱藏，生存的整個形態：時間與空間的無限，相形之下個體在時間與空間上的有限；現時的匆匆易逝，然而卻是現實此刻唯一的存在形式；一切事物間相互依存又相對的關係；一切都處於運動變化之中，沒有何種駐留、固定的存在；不竭地渴望伴隨著永久無法獲得的滿足；所有付出的努力都遭受阻礙，生命的進程即是如此，直至阻礙被克服為止……時間及在它之內的一切事物所具有的易逝、無常的本質，不過是一種形式而已，凡此種種努力與奮鬥的虛無本質便以此向生存意志顯現出來，而自在之物是永駐不滅的。因為時間的緣故，所有一切都在我們的手中即刻化為虛無，其真正價值也一併消逝了。

以往曾經存在過的，現在早已消失於無形，就如同一開始便不曾存在過。當下存在過的一切，轉瞬間將成為歷史，成為過去的存在。因而與最有意義和最重要的過去相比，確實性即是最沒意義和最不重要的現在所擁有的根本優勢。因此，現在與過去，就如同有與無的關係。

人們十分詫異於這樣的發現：在經歷無數個千萬年之後，自己突然存在了！隨後經歷短暫的一段時間，自己又將回歸到漫長時間的非存在。這其中總有些不妥 —— 我們的

心這樣說。想到諸如此類的一些事情，即便是思考遲鈍的粗人，也能隱約觸摸到時間的觀念。要想進入真正的形而上學的殿堂，就必須了解以觀念存在的時間與空間，這為我們理解另一種與自然秩序迥然不同的事物秩序奠定了基礎。康德的偉大就在於此。

我們生命中的一切只在某一刻才屬現在時，當這一時刻過去之後它將永遠成為過去時。每當夜幕來臨時，意味著我們的人生又少了一天。眼見我們原本就非常短暫的時間一點點消失不見，這真有可能讓我們變得瘋狂起來，好在我們的內心深處還悄悄意識到：永不枯竭的泉源屬我們，生命時間能夠透過這一泉源得到不竭的更新。

基於上述的種種思考，我們當然能夠得出這樣的理論：人生最大的智慧，即是享受當下的時刻並使之成為生命中永恆的目標，因為只有當下這個時刻才是真實且唯一的，其他的一切不過是我們的想法與念頭罷了。然而我們同樣也可以將這種做法看成是最大的愚蠢，因為在接下來的時刻所發生的，會像上一刻那樣完全消失得無影無蹤，不復存在。這樣的東西永遠不值得去努力爭取。

只有不斷消逝的現時才是我們生存的立足點，此外再無其他東西。本質上，我們的生存形式就是持續不斷地運動，那種夢寐以求的安寧從根本上來說是不存在的。人類的生

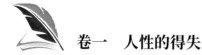

存就像一個跑下坡路的人 —— 如果想停下腳步就必然會跌倒，唯有持續奔跑才能尋求平衡以穩住身體；人生又像在手指上掌握平衡的木桿，也彷彿行星，如果停止向前運動，就會撞向太陽。由此可見，生存的根本特徵即是運動不息。在這樣一個毫無固定性的世界之中，保持靜止狀態是無法辦到的，所有的一切無不在循環著與變化著。每個人都在匆匆前行，就如在不斷前進、做出各種動作以保持身體平衡的走鋼絲者。在這樣的世界生活，幸福無從說起。在一個柏拉圖所說的「只有持續永恆的發展、形成，永沒有既成存在」的地方，幸福毫無安身之處。沒有人是幸福的，而每一個人終其一生都在爭取一種臆想的卻甚少抓住的幸福。如果真能獲得這樣的幸福，那他嘗到的只能是幻滅、失望的滋味。通常來說，在人們最終抵達港灣時，承載的船體早已千瘡百孔，桅杆、風帆更是不見蹤影。但鑑於生活只是由轉瞬即逝的現時所構成，現時的生活即刻就將完結，因此，一個人到底曾經是幸福抑或不幸，都顯得無足輕重了。

　　然而最讓人不可思議的事情是在人類與動物的世界中，不管是人還是動物，那些最為激烈多樣、生生不息的活動，卻是由飢餓與性慾這兩種最原始的動力所產生和推動著（或許無聊在其中也發揮了一些作用），而且二者竟能為如此複雜的機械傳送「原動力」，從而演出這些變化多端、豐富多

彩的木偶戲。

此刻如果我們更為詳細地分析這個問題，首先便會發現，無機物的存在時刻受到化學作用的影響，並最終在這些化學作用下消失殆盡、化為烏有；而有機的存在必須透過物質永恆的變化才會成為可能，而這種變化需要不間斷地持續流動，因此也就需要獲得外在的協助。由此可以看到，有機生命體本身就已如同豎在手中的木桿，要想獲得平衡，必須維持運動的狀態。因此有機生命體就是持續不斷的需求、一再重複的匱乏、無盡的困苦。然而也只能透過有機生命體，意識才成為可能。因而說，萬事萬物都是有限的存在，而與此相對的即被視為無限，這種無限既不會受到外在的銷蝕，也不需要外在的協助，而是成為「永久保持不變」、處於永恆安寧之中的事物，因為「既不成為存在也就談不上消失」，沒有變化，不受時間的束縛，沒有複雜多樣的形態，對這些否定性質的理解即構成了柏拉圖哲學的基調。否定生存意志，為我們開啟了理解這一種存在的大門。

我們生活的情態就如同描繪在瓷磚上的粗線條圖案：太過靠近，便無法看清這些圖案所營造的效果，只有從遠距離審視，才能從整體上來感受這些圖案的美麗。人，一旦獲得自己熱切渴望得到的東西，就意味著發現了它的空洞與無用。人們總是生活在一種期待更美好的狀態之中，同時又經

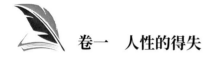

常懷念過去的時光，並常常對一些事情懊悔不已。而當下的時刻只被當作是暫時的忍受，是通往我們目標途中的一個站點而已。如此一來，在即將達到人生終點之時，驀然回首，大部分人會發現自己終其一生都在「暫時」地活著，他們會很驚訝地發現，自己未曾留意就任其消逝的東西恰恰是他們想要的生活，是他們自始至終都在期待的東西。總之，一個人的一生就是被希望愚弄之後，一頭栽進死亡的懷抱。

除上面所提到的，還有個體意志的貪婪。正因為如此，在每一個願望得到滿足之後又會產生新的願望。這樣的渴求永遠沒有盡頭！然而歸根究底，這一切都是由於意志本身就是這個世界的統治者。因此，惟有完全符合其需求才能使它滿足 —— 然而全部就等同於無限。當我們考慮到這一個體現象世界的統治者所能獲得的又何其微薄（常常只夠維持個體的身體），同時又會被激起深切的同情。個體感受到深沉的痛苦就是由此產生。

當前，我們正處在思想匱乏、精神無能時期，其外部表現就是人們尊崇一切拙劣的事物，甚至還自創了形容現代的用詞：當今。不可謂不貼切，其自命不凡的態度就如同在說這時代就是「特立獨行」「前不見古人」的時代，在此之前的一切時代不過是為它的出現作鋪墊罷了。在這樣的一個時期，甚至連泛神論者都會毫無害羞之色地說生命就是（就他

們的話來講）「目的本身」。如果我們的生存就是這世界的最終目的，那再沒有比這更為愚蠢的了，無論定下這一目的的究竟是誰。

生命首先是一個任務，即是說維持這一生命的任務。在解決了這一問題後，我們歷經艱辛爭取回來的卻成了負擔。這樣一來，第二個任務就是如何處理和安排這一生活以排解無聊。無聊好比守候一旁虎視眈眈的猛獸，等待機會隨時撲向每一個衣食無憂的人。所以，首要的任務就是爭取獲得某樣東西，其次是在爭取到這樣一件東西後，又不能讓我們感覺到它，否則這樣東西就會成為一種負擔。

如果我們能夠縱觀整個人類世界，就會發現到處都是無休止的爭鬥。為了生存，人類不惜耗盡全副精神和體力全身心地投入殊死的抗爭當中，同時還要防備隨時隨地可能發生的天災人禍。而這一切努力之後所得到的回報（亦即生存本身），審視一番，在這生存裡面，我們會發現有某些無痛苦的間歇時刻，但這些立刻會受到無聊的偷襲，並很快陷入新一輪的痛苦。

需求和匱乏的反面，就是無聊，就連較為聰明的動物也會遭到它的折磨。這是因為，在本質上，生活並沒有「真正的內涵」，生活只是被需求與幻想「活動」起來的，這些「活動」的動因一旦消失，生存就會暴露出它荒涼與空虛的本色。

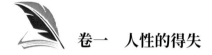

只需要簡單留意一下下面這則事實，你就會認清這樣一個道理 —— 人的生存肯定是某種錯誤。人就好比一個只講需求的物體，想要滿足這些需求是相當困難的，這些滿足除了暫時帶給他無痛苦的狀態外，再也沒有別的什麼東西了，而處在這樣一種無痛苦的狀態，也就落入了無聊的深淵。這個事實所說明的問題再清晰不過：就本身來說，生存是沒有任何價值的。正是因為知覺到了這一生存的空洞與乏味，才誕生了無聊。也就是說，我們的本質與存在，就在於對生活的追求，如果生活本身具有值得肯定的價值與切實的內涵，那麼所謂的「無聊」就根本不可能存在。僅存在本身就足夠令我們感到充實了。然而現如今，我們並不為自身的存在感到怎樣的高興，除非我們正盡力朝著某個目標奮進。由於距離遠、障礙重重，追逐目標顯然會使我們獲得滿足，然而一旦達到目標，隨之而來的即是幻象的消失。又或者我們正進行著單純的智力活動，即是說在做這些事情的時候，我們能夠從生活中抽身，從外部回頭審視這段生活，如同坐在包廂裡的旁觀者。甚至感官的快樂也只源於持續地追求，目標一旦達到，快樂也隨之消失殆盡。如果自身並未處於以上所講的兩種情形之中，而是回歸存在本身，生存的空洞與虛無感便會籠罩在心頭 —— 無聊即是如此。我們當然希望事物發展的那種單調、無聊的自然秩序會終止，這顯現在我們內在所特

有的、無法消除的對特殊、怪異事件的追求與喜好上，甚至
上流社會的奢華也不過是為掙脫這一本質上匱乏、可憐的生
存狀態所作的徒勞的掙扎。名貴的寶石、珍珠、天鵝絨，不
計其數的蠟燭、狂歡的舞者、時而戴上時而摘下的面具……
所有的這一切算得上什麼呢？此時此刻，沒有人感到完全
的幸福，如果他真感覺到幸福的話，那他一定是處在自我陶
醉中。

　　人所具有的極盡巧妙又複雜的機體，是生存意志所展現
出的最完美的現象，然而這機體最終仍然要歸於塵土，因
此，這一現象整體的本質與努力很明顯地也歸於毀滅。從根
本上來說，意志的所有爭取都是虛無的 —— 所有這些即是真
實的大自然所給予的最單純和樸實的表達。要是存在本身不
附帶條件地具有真正的價值，那麼這種存在的目的就不該是
非存在。歌德優美詩句的字裡行間也隱藏著這樣的感覺：「於
古老塔頂的巔峰，英雄的高貴精靈在上。」

　　首先可以從這樣的一件事實中推導出死亡的必然性：
因為人的存在只是一種現象，所以也就不是「真正確實的」
（柏拉圖語） —— 如果人是真正的自在之物，就不可能消
亡。而這些現象背後所隱藏的自在之物，卻因自在之物的本
性，只能於現象之中呈現出來。

　　我們的開始與結局，兩相比較，反差是那麼的強烈！前

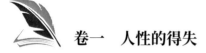

者於肉慾製造的幻象和性慾快感帶來的意亂情迷之中產生，而後者則伴隨著器官的衰竭和屍體發出惡臭。在愉快享受生命的問題上，從出生至死亡總是走下坡：無憂無慮的童年，快樂幻想的青春期，艱苦奮鬥的中年，身衰力竭又讓人同情的老年，臨終病痛的折磨和與死神最後的對抗。所有這一切無不顯示：存在即失足，惡果逐漸越來越明顯地暴露出來。

生活即是幻滅，沒有比這更精確的看法了。所有的一切皆準確無誤地道明這一點。

生活擁有某種微觀的特徵：一個不可分的點被時間和空間這兩種強力透鏡拉伸。由此我們眼中的生活已被放大了很多。

時間只是我們思想中的一個裝置，透過某種時間的維持，為所有事物（當然也包括我們自身）的虛無存在披上一件很現實的外衣。

為錯失享受幸福或快樂的良機而後悔悲傷，是一件很愚蠢的事！那些幸福快樂能維持到現在嗎？顯然不能，最終不過成為記憶裡的事罷了。我們真實享受、經歷過的事情無不如此。所以，所謂的「時間形式」不過是個媒介，彷彿是特別為讓我們明白塵世間快樂的虛無本質而設定的一樣。

不管是人類還是動物，其存在並不是某種固定不變，最起碼也是暫時不變的事物。事實恰恰相反，這些都是流動性

的存在，唯有持續不斷的變化才最終成為存在，這就像水中的漩渦。儘管身體的「形式」暫時、大概存在，但前提是身體物質要不斷地變化，不斷地新陳代謝。因而，持續獲取適合流入身體的物質，即是人和動物首要的任務。同時，他們也意識到上述方式只夠短暫維持他們這樣的生存構成，因此隨著死亡的來臨，他們迫切希望並身體力行地將其生存透過各種方式傳遞給將取代他們的生物。這種渴望與奮鬥，出現在自我意識中即是性慾；在對別的事物的意識，即對客體事物的直覺，則是以生殖器的形式顯現。這種驅動力就好比是將珍珠穿起來的一條線，線上的珍珠即是那些快速交替的個體生物。如果在我們的想像中加快這一交替，並在單一個體和整個序列中只以永恆的形式出現，而物質總是處於永恆變化之中，於此我們就會理解到，我們只是一種表面的、並不確定的存在。這種對生存的理解與闡釋構成了柏拉圖學說的基礎，這一學說想要告訴我們的是：存在的只有理念，而與理念相對應的事物，只具有影子般的構成。

我們的存在，僅僅單純地只是現象，與自在之物截然不同 —— 這種看法在以下事實中獲得了最直觀的闡釋：持續地吸收與排泄物質即是維持我們生存的必要條件，對此（食物和營養）的需求總是重複循環出現。這種情形就好比那些需要供應物維持的煙火或噴射出的水流，供應物一旦停止，現

象也就隨之逐漸消失、停止了。

可以這樣說，生存意志是透過純粹的現象顯現出來的，所有這些現象最終都將完全徹底地從有化為無。然而這種「無」及其連帶現象始終都處於生存意志的範圍內，並以之為根基。不過這些都是模糊難懂的。

如果我們不再從整體審視世事發展的進程——尤其是人類世代更迭的迅速及其存在假像的匆匆一現，而轉為觀察人類生活的細微之處（如同喜劇故事中所表現出的樣子），由此，我們所獲得的印象就如同在高倍顯微鏡下觀察滿是纖毛蟲的水滴，或察看一小塊起司熟成——蟎蟲們的相互爭奪的畫面讓我們啞然失笑，這就好比在一個極為狹窄的空間中煞有介事地開展嚴肅而隆重的活動，在極為短暫的時間內做出同樣的舉動，也會產生相等的喜劇效果。

人生沒有過去，過去已經成為歷史；人生沒有未來，未來飄忽不定，無法掌控，唯一擁有的就是當下，當下這一瞬間。因此，我們無須再為以往的過錯而悔恨，也無須對並不屬我們的明天而翹首企盼。我們只需要把握當下，過好當下，自然會收穫一個完美的人生。

生命本質上即是痛苦

　　生命本質上即是痛苦。這不是口號，我們可以透過人的生存本身來考量意志內在的、本質的命運，以此來證明這一觀點的正確性。

　　不論何種級別的理解，意志都是以個體的形式出現的。身為一個個體，人在無限的時空中只有自覺是有限的，與無限的時間和無極的空間相比，自身近乎一個消逝的數量，投身於時空的無限。既然時間與空間無極限，那麼個體的人只可能有一個相對的某時某地，個體所處的地點與時間也只是無窮無盡中極為有限的一部分。真正個體的生存，只是現時當下。現時無可避免地轉變為過去，即不斷過渡至死亡，慢性的死亡。個體以往的生命，排除對現時存在的某些後果，除去銘刻的過去與這一個體意志相關的證據不說，即已是完結、死去、化為烏有的了。這樣，個體在合理的情況下就必會將過去漸漸淡忘，無論過去經歷的事情是快樂還是痛苦。

　　我們已經從無知無識的自然界中發現其內在本質就是不斷地、無目的無止境地追求掙扎，尤其是在我們觀察動物與人時，這一點就更為明顯地暴露在我們面前。人的全部本質即是欲望與掙扎，其程度可與無法抑制的口渴相比擬。然而，需要是所有欲求的基礎，缺陷就意味著痛苦，因而人本

質上就是痛苦的，人的本質無法逃離痛苦的掌心。如果不是這樣，人就會因為容易獲得滿足而消除他的欲望，那麼欲求的對象也就沒有了。這樣一來，空虛與無聊就會乘虛而入，即會令人感到自身的存在與生存本身就是不可承受的負擔。所以說，人生的過程如同一個鐘擺，總是在痛苦與無聊間來回地擺動。事實上，兩者即是人生的最後兩種成分。

　　構成意志現象的本質，是不斷地追求與掙扎，在客體化的較高級別上，它之所以仍能占據首要的和最為普遍的基礎，是因為在這些級別上，意志化身為一個生命體，且遵循著供養這一生命體的原則。而讓這一原則產生作用的，正在於這一生命體即是生命意志本身的客體化。由此，身為意志最完善的客體化 —— 人也就成為了生物中需求最多的生物了。人，是欲求與與各種需求的凝聚體。帶著這些需求活在這個世上，人完全只能靠自己，一切都充滿變數，唯獨自己的需求才是最真實的。在這樣直接而沉重的需求下，整個人生通常都在為維護自己的生存而憂慮著。這個世界對他來說，沒有絲毫安培全感可言。有詩為證：

> 人生如此黑暗，
> 危險如此之多；
> 只要一息尚存，
> 就這樣，這樣度過！

　　多數人的一生都在為生存而不斷奮鬥著，儘管明知這場戰役的最終結局一定是失敗。而讓他們能夠經得起種種艱苦而堅持抵抗的，雖是貪生，實際是因為懼怕死亡。然而死畢竟總是站在後場，且無法避免，隨時有可能走到前場來。生命本身即是到處布滿暗礁與漩渦的海洋，而人總是千方百計想要避開這些暗礁與漩渦，即便知道自己就算使出「渾身解數」成功避開這些陷阱，也會一步步接近那最終的、無可避免的、無法拯救的死亡，而且是直對這種結果，勇往無前地駛向死亡。

　　然而現時值得注意的是，首先，人生的痛苦與煩惱很容易激增，以至於死亡竟變成人所企盼的東西，人們自願奔向它。其次，人一旦稍稍在困乏和痛苦中獲得喘息的機會，空虛與無聊就會乘虛而入，以至於人又必然會尋求消遣。一切存在生命的事物都忙忙碌碌地運轉，本來是迫於生存，然而倘若他們的生存已經不成問題，他們往往又不知道該如何是好。所以，推動他們的第二種動力即是擺脫這負擔（即生存）的掙扎，使生存不被感知，即消磨時光、排遣空虛無聊的掙扎。這樣我們就看到，差不多所有無憂無慮的人在丟了一切其他的包袱之後，又以自身為包袱了。實際的情況是，消磨了的每一分每一秒，即曾經為此拚盡全力以使之延長的生命中因此而縮減，這反倒要算作是一種收穫了。然而，我

們絕不能夠輕視空虛無聊這種禍害，因為最終它會在人的臉龐描畫出最生動的絕望，它將使人類這種生物突然急切地相互追求，由此，它成為人們愛社交的動因了。就像人們對付其他的災害那樣，為避免遭到空虛無聊的侵襲，僅僅出於政治上的考慮，到處都有公共的設備。因為這一災害就好比飢餓一樣，會驅使人們走向最大限度的肆無忌憚，群眾需要的是「麵包與馬戲」。費城的感化院以寂寞和無所事事讓空虛無聊成為一項懲罰的措施，而這種可怕的懲罰曾經導致囚犯產生了自殺行為。困乏是平民們日常的災難，與此相對應的，空虛無聊便成了上流社會的日常災難。在平民生活中，星期日即表示著空虛無聊，六個工作日即表示著困乏。

　　由此可見，人生是在慾求與達到慾求間被消磨掉的，願望的本性即痛苦。願望一旦達成，很快便趨於飽和狀態。目標形同虛設：每當占有一物，便意味著使一物失去刺激，於是欲求又以新的姿態捲土重來，否則，寂寞空虛便會乘虛而入。對抗這些東西，並不比對抗困乏來得輕鬆。只有在欲求和滿足相交替的時間間隔恰到好處，兩者所產生的痛苦又減少至最低時，才會構成幸福的生活過程。這是因為，人們通常認為的生活中最美妙、最純粹的愉快的部分（這種愉快能讓我們從現實中超脫出來，成為對生存毫不心動的旁觀者）即是毫無目的和欲求的單純的認知，像對美的領略、從藝術

上獲得的愉悅等等。只有少數人能夠享受到（這對天賦有很高的要求），而即便是少數的人，其享受的過程也是短暫的，並且因自身擁有較高的智力，使得他們所能感受的痛苦比那些生性遲鈍的人要更多。不僅如此，也使他們明顯孤立於與他們有別的人群，那一點對美的享受也因此被抵消了。至於多數普通人，他們無法享受這種純智力的好處，那種從藝術上獲得的怡悅，他們也無福消受，而是完全處於欲求的支配下。因此，要想引起他們的興趣，博得他們的青睞，就必須以某種方式刺激他們的意志，哪怕只是稍稍地在可能性中觸動一下意志，但絕不能排除意志的參與。這是因為，與其說他們在理解中生存，不如說他們在欲求中生存更為合適：作用與反作用即是其唯一的生活要素。這種本性總是不經意地流露，從日常現象與生活細節上很容易觀察到，比如每到一處遊覽勝地，他們常會留下「○○到此一遊」的筆跡。因為既然他們對這些地方無法產生共鳴，他們便以此來表達對此地的回饋。又比如，他們也不滿足於僅僅只是觀看一隻罕見動物，而是要去刺激牠，與牠玩耍，撫弄牠，這些行為也只是出於作用與反作用的緣故。人類刺激意志奮起的需求，在撲克牌的發明與流傳上表現得淋漓盡致，而這也暴露出人類可悲的一面。

　　然而多數情況下，我們都封鎖著自己，以免使自身接觸

到這一苦藥般的認知：生命本質上即是痛苦。痛苦並非是從外部湧向我們的，痛苦不竭的泉源正是我們每個人的內心。而我們卻總是為這從不離身的痛苦尋找其他原因來當藉口，如同自由人為自己找偶像，以便有個主人似的。我們樂此不疲地從這一個願望奔向另一個願望，雖然獲得的滿足每次都會給我們許下很多好處，但實際情況並非如此，多半沒過多久就會轉變成令人難堪的錯誤。即便如此，我們仍舊在用底下有洞的水桶汲水，並且急匆匆地奔向新的希望。只要我們所追求的一天未到手，對我們而言，其價值便超過一切；然而一旦拿到手，便即刻另有所求。總有一個渴望緊緊牽引著我們，我們這些渴求生命的人。

所有的滿足，人們嘴裡所稱的幸福，不管是從原有意義還是從本質上來看，都是消極的，沒有半點積極性。此種幸福並非是因為它自身原本要降福於我們，而必然永遠是個願望的滿足。因為願望（即是缺陷）原是享受的前提條件，一旦達到滿足，願望即告完結，因而享受也就結束了。所以，除了從痛苦和窘困中獲得解放外，滿足和獲得幸福更不能是別的什麼了。要想獲得這種解放，首先不僅各種現實的痛苦要顯著，而且安寧的願望要不斷受到各種糾纏、擾亂，甚至還有令我們感到不堪承受的致命空虛和無聊，想要有所行動卻又如此艱難 —— 所有打算都會面臨無窮的困難和艱辛，

每前進一步，便會遇到重重阻礙。然而，即使最終克服了所有阻礙達到了目的，人們所能獲得的，除了從某種痛苦或願望中獲得解放外，也就是重又回到這痛苦或願望未起之前的狀態外，更不會得到別的什麼了。在文章的開頭對幸福所下的結論也正是基於此，因而所有的滿足或者幸福又不能是持久的滿足與福澤，而只是暫時從痛苦或缺陷中獲得解放，隨後必然又進入新的痛苦或沉悶，諸如空洞的想望、無聊的狀態。所有這些都可從世界的生活本質中，從藝術中，特別是從詩中獲得例證。這樣就會發現，不管是哪一部史詩或戲劇作品，都只是在表達一種為幸福而作的苦苦掙扎、努力和鬥爭，但絕非在表達一種永恆的完滿的幸福。

真正永恆的幸福是不存在的，因而這幸福也並不能成為藝術的題材。田園詩的目的固然是為了描述此種幸福，但顯然它並不能擔此重任。在詩人的筆下，田園詩總是情不自禁地成了敘事詩 —— 一種毫無意味的史詩：瑣碎的痛苦、瑣碎的歡樂、瑣碎的奮鬥 —— 最普遍的情形就是這樣。

為什麼無法達到永久的滿足？幸福為何是消極的？這是因為意志是一種毫無目標、永無止境的掙扎，而人的生命以及任何的現象都是意志的客體化，意志的每個部分都打上了這永無止境的烙印，從這些部分現象一貫的形式，從時間與空間的無限，直至所有現象中最為完善的種類 —— 人的生命

與掙扎，無不是如此虛度。那是一種如同在夢中徘徊著的朦朧的追慕與苦難，是於一連串瑣碎思慮的陪伴下歷經四個年齡階段而到達死亡。這些人就好比是鐘錶般的機器，只要上好了發條就走，卻不知道為什麼要走。每當有人誕生，就意味著一個「人生的鐘」上好了發條，為的是一段接一段、一拍連一拍地重奏那已響起過無數次、連聽都不願再聽的街頭風琴的調子，即便其中存在著變奏也不足為奇。這樣，任何一個個體、任何一張人臉及其一輩子的經歷都不過是短暫的夢 —— 無止境的自然精神的夢，永恆的生命意志的夢；不過是一幅飄忽不定的畫像，任由意志在它那無盡的畫幅上信手塗鴉，畫在空間與時間上，令畫像有個短暫的停留 —— 與無限的時間相比接近於零的片刻，隨即抹掉以便為新的畫像騰出空間來。然而無論是哪一個這樣飄忽的畫像，哪一個這樣膚淺的念頭，不管它如何激烈，如何承受深刻的痛苦，最終都必由整個的生命意志，用害怕已久而終將面臨的死，苦澀的死，來償還。人生很難想通的一方面即在這裡。目睹一具人的屍體會令我們突然變得嚴肅起來，也是出於這個道理。

　　就單一個體的生活來說，如果從整體去看，且只關注大致的輪廓，所見到的只能是悲劇。然而仔細觀察一些情況，又會找到一些喜劇元素。這是因為，一時間的蠅營狗苟與辛勤努力、一刻間的陰錯陽差、一週間的祈望與憂懼，在常準

備戲弄人的偶然性與巧合性的潤色下，都成了喜劇的鏡頭。然而，那些未曾實現的願望、徒勞的掙扎、為命運狠心踐踏的希望、一生中所犯的那些錯誤，以及日漸增強的痛苦與最終的死亡，即組成了悲劇的演出。命運如同在我們一生承受痛苦後又額外加入了嘲笑的成分。我們的生命不可避免地注定會包含所有悲劇的創痛，但同時我們還不能以悲劇人物的尊嚴來自詡，而是被迫於生活的各項細節中塑造喜劇形象。

儘管每個人的一生都充滿著諸多煩惱，讓人生總處於不安動盪的狀態中，卻仍無法彌補生活對填充精神的無力感，消除人生的空虛與膚淺，也無法拒絕無聊 —— 它一心等待去填補憂慮空出的每一段間隙。由此又會出現另一種情形：人的精神除了應付真實世界帶來的憂慮、煩惱以及無謂的忙碌外，還有空閒在多種迷信的形態下創造出另一個幻想世界。人會根據自身的形象來製造諸如妖魔、神靈和聖者等東西，隨後常常會對這些東西定期或不定期地獻牲畜、祈禱、修繕寺廟、許願、還願、朝拜、迎神、裝飾偶像，諸如此類。這些行為常常與現實有著千絲萬縷的連繫，甚至還會讓現實蒙上一層陰影。現實所發生的每件事都會被認為是那些鬼神在主導。光是和鬼神打交道就占去了人生中大部分的時間，且不斷維繫著新的希望，在幻覺的作用下似乎要比和真人交往更為有趣。這即是人們雙重需求的特徵和表現：對救援與幫

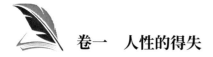

助的需求，對有事可做與消磨時光的需求。

　　我們已經非常概括地分析了人生最基本的輪廓。在這一範疇內，先驗論讓我們深信，從根本上說，人生已不可能有真正的幸福。從本質上說，人生就是一個形態多樣的痛苦、不幸常存的狀況。而如果我們現在多用事後證明的方式來研究具體的情況，想像一些光景並在事例中描述那不可名狀的煩惱、經驗以及歷史所指出的煩惱，而不去考慮人們是往哪一個方面看，以及出於哪一種念頭進行研究，這樣，我們就可以在心目中更清晰地喚起這一信念了。

　　我們不可避免的、源於生命本質的痛苦所作出的相關論證，是冷靜思考且具哲學性的。每一個從年少時的幻想裡清醒過來的人，如果他注意過自己與別人的經驗 —— 不管是在生活中、在當代和過去的歷史中，還是在偉大詩人的作品中 —— 從多種方面做過觀察，並且沒有受到什麼深刻成見的影響以致麻痺了他的判斷力，那麼他很有可能會意識到以下這樣的結論：人世間是一座偶然和錯誤的王國，在這一國度中，事事都由它們支配，不管是大事還是小事。

　　除了它們之外，還有愚昧與惡毒在一旁揮舞著皮鞭，任何美好的事物只有突圍這一條路可走，但是何其困難！高貴與明智的事物很難發揮作用或得到人們的關注，然而，思想王國中的謬論與悖理、藝術王國中的庸俗與乏味、行為王國

中的惡毒與奸詐、實際上除了僅被短暫的間歇打亂外，一直都掌握著統治權。與之形成鮮明對比的是，任何卓越的事物通常都只是例外，且只有百萬分之一的發生機率。

　　而對於個人的生活，可以說任何一部生活史都等同於痛苦史。從規律而言，人生就是一系列不斷發生的大小事故，即便人們極力隱瞞也無法掩蓋這一事實。人們之所以隱瞞，是因為他們明白，他人想到這些正是自己現在得以倖免的災難時，必然很難產生關切與同情，而幾乎要說是感到滿足了。如果是清醒和坦誠的，絕對沒有人願意於生命結束之時還重複此生的經歷，否則他寧可選擇從沒在這世上存活過。

　　生命的本質即是痛苦，從我們帶著第一聲啼哭來到這個世界之前，我們的生命已經歷經磨難。當我們睜開雙眼，牙牙學語，蹣跚著在人生的道路上前行時，痛苦早已如影相隨，總是在那個不經意間，以一副面目可憎的形象出現，讓我們嘗盡苦痛，直到化為塵土，它才隨之消亡。

每個人皆依其自然所賦予的素養各不相同

　　每個人皆依其自然所賦予的素養各不相同。日常經驗也告訴我們，父母的遺傳基因，可將種族及個體的特質遺傳給他們的下一代。但這僅限於有關肉體方面（客觀的、外在的）的性質，至於精神方面（主觀的、內在的）的特質是否

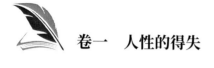

同樣如此？也就是說，父母親會不會把這方面的性質遺傳給子女呢？這類問題經常被提出來討論，通常答案也幾乎是肯定的。然而在精神方面的遺傳中，何者屬父親，何者屬母親，是否可以加以區分？這個問題就比較困難且複雜了。我們在回答這個問題之前，如果能仔細回想我們應有的基本認知——意志是人類的本質、核心和根源；反之，智慧則只列居次要地位、屬附加物、是該實體的偶有性——則無須證諸經驗，至少下列幾點應該很接近事實：繁衍之際，父親所遺傳的是屬強性、生殖原理、新生命的基礎和根源方面的性質，總而言之就是意志；母親的遺傳則屬弱性、受胎原理、次要性方面的性質，亦即智慧的遺傳。因此，一個人的道德、性格、性向、特質皆得自父親，而智慧的高低、性質及其傾向則遺傳自母親。以上的假定可由實際或經驗中得到確證。這不是光憑閉門造車式的物理實驗就能決定的，而是根據我多年來縝密深刻的觀察，同時參照史實所得出的結論。

　　我們不妨先觀察一下自己，有怎樣的興趣傾向、存在哪些惡習、性格上有什麼缺點。另外，也將所有優點或者美德一一列舉出來。然後回顧一下你的父親，那麼你會發現你的父親也有著這些性格上的特徵。同樣，你也可能發現母親的性格和我們竟是截然相異。當然，在品德上也有與母親相一致者，但這是一種特殊罕見的狀況——父母親性格偶然相

似。人性之不同各如其面,男人有的脾氣暴躁,有的充滿耐性;有的一毛不拔,有的慷慨大方;有的好女色,有的愛杯中物,有的好賭;有的淡漠寡情,有的親切和藹;有的忠厚直爽,有的陰險狡猾;有的孤傲自大,有的八面玲瓏;有的大膽,有的靦腆;有的溫和,有的愛打架滋事;有的胸襟開闊,有的連雞毛蒜皮的小事也耿耿於懷……但只要你對此人及其父母的性格進行深入的調查,並有正確的判斷力,你將發現我們所列舉的原則並無錯誤。如有的兄弟存在說某種特殊謊話的相同缺點,這主要來自父親的遺傳。有一齣名叫《說謊者與兒子》的喜劇,就心理方面進行探討是很合乎情理的。但我們必須考慮到兩種無法避免的限制存在,如果以它作為反駁的藉口,顯然是存在問題的。第一,「父親總是不可靠」,除非身體方面的確和父親很酷似,僅只表面的相似還不夠,因為受胎期間仍可帶來影響。為此,女人改嫁後所生的子女,相貌有時也會和前夫有些相似,偷情苟合所生的子女有時也會和丈夫相似。這種影響從動物身上更可略知一二。第二,父親道德方面的性格雖然的確可以表現在子女身上,但子女往往會受到母親所遺傳的智慧的影響而產生變化。因此,我們在觀察時必須進行某種修正。這種變化與智慧差異的程度成正比,有的非常顯著,而有的甚為微小,即父親的性格特質未必表現得很明顯。智慧對於性格的作用,

如同一個人穿上與平日完全不相同的服裝、戴上假髮或鬍鬚而改變了人的外觀一般。例如一個人雖從父親身上接受「熱情」的遺傳，然而母親亦給予了他理性——反省和熟慮之能力，則前者將因而被抑制或隱藏，事事顯得有計畫，與原有熱情直爽的性格完全相異。但母親的性格和熱情則不會表現在子女身上，甚至還往往與子女相反。

　　假如我們以一般人所熟知的歷史人物為例，那麼我們應該從他們的私生活表現下手，因為這樣比較準確。通常來說史實並不可靠，經過時間的演變，很多事實往往被歪曲，再加上這些內容通常只局限於在公共場所的活動或政治活動，並不能表現出一個人性格上的微妙之處。下面為大家舉幾個例子。

　　眾所周知，古羅馬的忒修斯・繆思（Theseus Muses）是一位備受推崇的英雄，他將自己的身家性命都奉獻給了祖國，與拉丁軍之戰，雖然殲敵無數，卻最終還是以身殉國。忒修斯・繆思的兒子在與加利亞人作戰時，也同樣壯烈殉國。這是賀拉斯（Horace）所說「勇敢的人是勇敢善良的人所生」的最佳例證。莎士比亞亦曾就其反面說出一句名言：「有卑鄙無恥的父親就有卑鄙的兒子。一個卑賤的人，他的父親必定也是卑賤的。」

　　在蘇埃托尼烏斯（Suetonius）所著《羅馬十二帝王傳》的第四、五章開頭就敘述了一代梟傑尼祿・克勞狄烏斯・凱

撒・奧古斯都・日耳曼尼庫斯（Nero Claudius Caesar Augustus Germanicus）的故事。根據他的記述，尼祿的先祖從600年前的克勞狄烏斯開始崛起於羅馬，全家人都很活躍，並且驕傲自大、目中無人、性格殘酷，一直傳到提比略、卡利古拉，最後出了尼祿。這一宗族的可怕性格在尼祿身上可謂集其大成，比之他的祖父或父親更勝一籌。一來是因他身居高位、大權在握，可以無所忌憚地為所欲為；二來是他有著潑辣無理性的母親朱莉婭・阿格里皮娜（Julia Agrippina），沒能遺傳給他足以抑制他的暴戾的智慧。所以，蘇埃托尼烏斯寫下一則軼事，其意義正好和我們前面所述不謀而合。他說，尼祿降生時，他的父親曾對著前來祝賀的友人說：「我和阿格里皮娜所生的孩子一定是很可怕的，也許他將會造成世界的毀滅。」與此相反，像哈米爾卡・巴卡（Hamilcar Barca）和漢尼拔・巴卡（Hannibal Barca）父子，以及西庇阿整個家族（Scipiones），都是忠心耿耿品性高潔的愛國英雄。但法王亞歷山大六世的兒子，則可怕得和他父親切薩雷・波吉亞（Cesare Borgia）一模一樣。阿爾瓦公爵（Duque de Alba）的兒子更是臭名四溢，和他父親同樣的殘暴邪惡。法王腓力四世（Philippe IV le Bel）的女兒伊莎貝拉・德・法蘭西（Isabella of France）秉性陰狠毒辣，尤以殘忍的刑法處死聖堂騎士而聞名天下，後來嫁與英國國王愛德華二世（Edward II）為

妻，竟起意背叛，虜獲國王，脅迫他在讓位狀上署名，然後將他投入獄中，準備慢慢折磨至死。因沒有達到目的，最後只好用最殘酷的方法將其殺害。被稱為「信仰的守護者」的一代暴君亨利八世（Henry VIII）第一任妻子的女兒瑪麗一世（Mary I），這位女王和她的父親一樣，以瘋狂的信仰和殘暴聞名，她把許多異教徒處以火刑，史家稱之為「血腥瑪麗（Bloody Mary）」。

假如我們有機會去調查普通的犯罪紀錄，就可以發現更多相同的脈絡，尤其自殺的傾向，大多數都屬遺傳。或許會有人找到反例來駁斥我的觀點，比如質疑，為什麼勳業彪炳的馬可·奧理略（Marcus Aurelius）大帝竟會生出殘虐無道的兒子魯基烏斯·奧雷里烏斯·柯莫杜斯·安東尼奴斯（Lucius Aurelius Commodus Antoninus）？但是，如果你知道他的王妃是素有惡評的小福斯蒂娜（Faustina the Younger），大概就不足為奇了。

其次，我們再來談談智慧來自母親所遺傳的這一問題。古語說：「母親的智慧。」由此可證明，自古以來它就被認為是一項真理。因為許多經驗告訴人們，凡是材高知深的人，母親必然充滿智慧。相反，父親的智慧性質不會遺傳給子女。自古以來，有才華的男人，他的祖先或子孫大都庸碌平凡、默默無聞。不過話說回來，儘管這是千真萬確的事實，

但偶爾也有例外，如威廉・皮特（William Pitt）和他的父親威廉・查塔姆（William Chatham）就是一例。而且，因為真正具有偉大才能的人實在難得一見，所以我們不能不說那是屬最異常的偶然；再次，所謂大政治家，除具備優秀的頭腦之外，亦必須具備某種性格特質，這是得自父親的遺傳。反之，在藝術家、詩人、哲學家之中，我還未發現與此類似的情形，他們的工作完全以天賦為基礎。誠然，拉斐爾・聖齊奧（Raffaello Sanzio da Urbino）的父親亦為畫家，但並不是偉大的畫家；莫札特的父親和兒子也是音樂家，但仍不是偉大的音樂家。更有一點似乎亦頗耐人尋味，就是這兩位曠世奇才在各不相同的際遇中，命運之神只賜給他們很短的壽命。不過他們卻得到一點補償，在寶貴的幼少年期都有父親的良好榜樣和指導，使得他們的藝術天分得以獲得必要的啟蒙。在此，還有一件事情需要留意：從事科學方面的工作固然需要優秀的天賦才能，但不必具「絕世之才」，主要靠興趣、個人的努力和堅忍不拔的精神，以及幼年時的指導、不斷研究、多方練習等。

由於智慧並不是從父親那裡遺傳而來，因此，某些家族經常出現一些特殊人才，這是因為做兒子的總是喜歡遵循父親所開拓的道路前進。這也就是為什麼有些職業大都由家族人員繼承的原因。

卷一 人性的得失

　　女性很少有機會透過自己的能力進行社會性的嘗試，因而，有關她們的性格和天才，載入史冊為後人所熟知的事例鳳毛麟角。否則，我們也許可以舉出更多的實例以證明智慧確實必須由母親那裡獲得。而且，通常來說，女性的體質雖較微弱，但只要具備這種能力，皆能得到甚高的評價。如約瑟夫二世（Josef II）的母親瑪麗亞·特蕾莎（Maria Theresia）就是一位非常精明幹練的女皇。卡丹那在他的《自傳》第三章中這樣寫道：「我的母親有著驚人的記憶力和卓絕的才能與智慧。」盧梭在其《懺悔錄》第一章中也這樣寫道：「我母親的美麗，以及才智、天賦的優秀，實遠超過她的身分。」佛羅倫斯·希恩（Florence Shinn）也在其所著的《布豐的業績》一書中寫道：「布豐深信一般人多半是繼承著母親的精神和道德方面的素養，因而在談話中每當涉及這方面的事情時，他立刻以誇張的語調讚揚自己的母親，說她的頭腦如何敏捷，她的學識如何淵博。」由此可以證明她母親是如何卓越不凡。當然，這句話將道德方面的素養也包括在內，值得商榷，不知是記錄者的筆誤，還是布豐的父母親「偶然」具有相同的性格，總之，必有其中之一者。

　　關於母親和兒子的性格截然不同的實例不勝枚舉。因此，大戲劇家莎士比亞才把葛楚（Gertrude）和哈姆雷特（Prince Hamlet）描寫成相互敵對的一對母子，兒子在道德方

面是父親的代表者，而以復仇者的姿態登場。反之，如果將兒子描寫成母親道德方面的代表者而向父親尋仇，豈不顯得太荒誕可笑了？這是因為父子之間有著相同的本質，而母子之間只有相同的智慧，並且必須附加某種條件為基礎。所以母子之間常有道德方面的敵對現象，而父子之間則為智慧的對立。從這種觀點來看，《薩利克法》所以規定「女性不得繼承其家世」，實在是有它的道理存在。大衛·休謨（David Hume）在他簡短的自傳中說道：「我的母親是個才智卓絕的女性。」曼弗雷德·庫恩（Manfred Kuehn）所著的《康德傳》一書中，這樣描述康德的母親：「據康氏本人的判斷，說她是天資聰穎的女性。當時的女性難得有受教育的機會，她非常幸運地接受了良好的教育，之後自己又能時時刻刻不忘進修。每當散步時，常督促愛子注意自然界的諸種現象，向他說明那是神的力量。」歌德母親的賢明、才智，想必讀者們早已耳熟能詳，文人筆下經常談及關於她的事情，但對他父親的事情則隻字未提。據歌德自己說，他父親並沒有太大的才華。弗里德里希·席勒（Friedrich Schiller）的母親頗有文學才華，也有一些詩作問世，在呂迪格·薩夫蘭斯基（Rüdiger Safranski）的《席勒傳》中就收錄了部分她的作品。詩壇彗星柏克堪稱是自歌德以來，德國最傑出的詩人，席勒的作品和他的敘事詩相形之下，頓時顯得枯燥無味和不自然。他的一

個醫生朋友阿特霍夫在西元 1798 年曾為他出版一本傳記，其中關於他雙親的記載，對我們頗有參證的價值。他說：「柏克的父親是個博聞廣識並且善良正直的人，唯獨菸癮極深，我的友人經常言及，他的父親在不得不出面教導子女時，即使只有十來分鐘，也得事先備好菸草不可。而他母親則稟賦絕佳，雖然她的教養只限於看一點普通書籍，寫出幾個字的程度而已，但柏克常說，如果他的母親能接受適當的教育，必可成為婦女中的佼佼者。然而一提到她道德方面的性格時，柏克則又屢屢大加指責。儘管這樣，他仍深信自己多少受到母親精神素養的遺傳，而道德方面的性格則遺傳自父親。」巴柯的母親是卓越的語文學家，有許多作品和譯作在世界上流傳，文筆流暢饒有趣味，並顯示出她的博學和眼光的深遠。

　　就我們所提出的原則來說，同一位母親所生的孩子應該具有相同的精神力，如果一個人天資聰慧，其兄弟姐妹也一定是才智超群，這樣的實例可以說是屢見不鮮，比如海頓兄弟、萊特兄弟等。不可否認，以上的推論過於武斷，因而難免有不正確的現象，如康德的弟弟就是一個非常平凡的普通人。然而，我們說天才不但需要具備非常發達而敏感的腦髓（母親所遺傳），同時也需要具有特異的心臟跳動，以賦予其蓬勃的精力，亦即要有熱情的意志和活潑的氣質，這是從父親那裡遺傳而來的。然而，這一切只有在父親精力最為充

沛旺盛的年齡，才能讓這種性質表現得明顯且強烈，而且因為母親相對於父親來說要衰老得快，所以，通常都是父母親在精力比較旺盛時所生的兒子（長子）稟賦較佳。康德的弟弟比他小 11 歲，因此，資質上出現懸殊也就不足為怪了。如果眾兄弟都極具稟賦，相比之下，通常是兄長較為傑出。除年齡問題外，其他如交合之際，父母精力一時性或強或弱的差異，以及其他健康障礙等，都有可能致使某一方面（父或母）的遺傳不完全，而阻礙了天才的出現，雖然這種現象並不常見。順便說一句，雙胞胎之所以沒有上述差別，是因為他們本質上幾乎都是完全相同的。

有時候，天資聰穎的兒子亦未必就一定能超越自己的母親，探究其個中原因，可能是由於其母親有著屬黏液質的父親，因此雖然有異常發達的腦髓，但卻沒有配合血液循環的力量，給予其適當的刺激。拜倫的情形就有些類似於此，我們從來沒有聽說過他母親精神力如何優越之類的事情。

總之，只要母親能夠將完整的中樞神經系統遺傳給兒子，同時具有父親的熱情活潑的性質和強烈的心臟活力，就能產生偉大精神力的必要肉體條件。不必在乎他母親是否有才能與智慧，只要母親的父親屬黏液質的人，即可適用上述的狀況。

通常，一般人的性格經常會出現無法調和、不平衡、不

穩定的現象，我認為這恐怕是由於意志和智慧繼承自不同的雙方所致。雙親在他身上矛盾的特質愈不能調和，那麼他的內部分裂就會愈大，不調和也會愈為顯著。相反，有的人「心」和「頭腦」非常相稱相適，彼此通力合作，使全體本質呈現出一致的特色，我想那該是因為雙親的特質已經取得均衡及調和的緣故。

　　至此，相信大家應該能夠確信性格遺傳自父親，而智慧乃繼承其母親的事實了吧！我們將此一信念連同 —— 人與人之間不論道德或智慧因受自然的決定而有顯著的差異，以及人類的性格或精神能力都無法改變 —— 這三者合併起來思考的話，就可以知道，如果要真正從根本上來改善人類，就不是從外在而是應從內部著手，即不是靠教養或教訓所能為，而是應該以生殖的方法，如此才能達到目的。早在 2,000 多年前，柏拉圖就曾考慮過這些問題，他在《理想國》的第五卷中，曾敘述培植改良武士階級的「晾人」計畫，他說：「壞人就必須予以閹割，蠢笨的婦女都應該禁錮在修道院裡，唯有性格高尚的人才能給予閨房的配置，每一個擁有聰明才智的女性都能得到健全的男人。若如此，不待多少時日，一個更勝於伯里克里斯（Pericles）的時代必可來臨。」我們暫且不來討論柏拉圖的這個烏托邦計畫能不能行得通。就我所知，古代也有兩三個國家曾將「閹割」列為僅次於死刑的最

重刑罰，如果世界各國都照那種辦法實施的話，所有惡人的血統當可絕跡 —— 因為一般的犯罪年齡大都在 20 歲至 30 歲之間。所以，從理論上來說，那不是不可能的事。以此推論，國家政策所應獎勵的就不該是那些所謂「端莊嫺靜」的少女，而是給予「聰明秀慧」的女性某種優惠才是國家之福了。人心難測，一個人節操如何很難判斷。並且，表露「高尚的性格」乃是屬極偶然的事，平常少有那種機會。

　　普通女性之所以擁有內在美，大多得自其容貌醜陋的幫助，而智慧方面則不存在這類問題，只要稍加測試，便能獲得正確判斷。寫到這裡，我要順便談談一些國家，尤其是南德地區的婦女，有著以頭部負荷重物的惡習，這種做法顯然會對頭腦產生不良影響，因此，民間婦女的頭腦越來越遲鈍，然後又遺傳給她們的子女，於是全體國民愈來愈愚蠢。因此，這一陋習假如能加以革除，便可增加國民的智慧，這才是增加最大的國民財富。

　　當然，以上這些理論的實際應用還有待更進一步的研究。現在我們再回到形上學的立場，作一個結論。某種血統自其祖先以來世世代代的子孫，活躍於其中的皆為同一種性格 —— 即特定的意志，但另一方面又由於它承襲了不同的智慧 —— 即認知程度和方法的差異，因而使其性格上獲得新的見識和經驗。智慧是與個體同時消滅的，因此意志無法將上

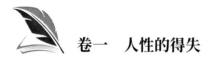

一代的經驗轉移到下一代身上。然而因新的見解可以賦予生命及其意志新的人格，意志於是便產生變化或改變傾向。基於這種變化，意志即取得肯定或否定新生命的權利。如果一旦選擇了否定，全體現象隨即告終。意志與智慧之所以如此不斷地交相結合，是因生殖必須靠男女兩性共同為之的自然法則所產生，再者它也是維護自然秩序的基礎。生命本是意志的複製品或鏡子，但憑此法則，生命不斷地表現意志的新面貌，不斷地在它眼前運作，並先於意志嘗試各種不同的見解──包括肯定或否定的選擇。只因智慧如此不斷地更新和發生變化，才能給予新的世界觀，這對於相同的意志可謂開拓了救濟之道。並且，亦由於智慧是由母親所遺傳，所以，通常才會避諱或禁止兄弟姐妹間結婚，避免彼此間產生性愛。當然也存在不少例外，但那是另有原因的，其中一方若非私生子，則必是由於性倒錯現象所造成。為什麼會如此？那是由於兄弟姐妹間結婚所生的子女，通常融合其雙親間的智慧和意志，這種現象的重複，是意志所不希望的。

　　另外還有一個值得注意的事項，在這裡我們也一併提出來討論。如果我們仔細觀察，便可以發覺，骨肉或手足之間雖出於相同的血統，但彼此間性格截然相反的也不在少數。有的一個善良親切，而另一個卻邪惡殘忍；有的一方正直、誠實、高潔，另一方卻卑劣、虛偽、刻薄、寡恩。為什麼會

產生這些差異？這是令人百思不得其解的問題。印度人及佛教徒把這種現象解釋為「前世行為的結果」，這誠然是最古老、最容易理解也是最聰明的解釋了，然而卻將問題扯得更遠了。不過我們也實在很難找出比這更令人滿意的解答。如果根據我的學說，我也只能這樣回答：那是意志表現它真正的自由，亦即意志的真實樣貌。絕對的自由是不必依循任何必然性原理的，然亦唯有物本身的意志，才能取得這種自由。但物本身並不知其所以然。因而我們亦無從理解，我們所能理解的只是有原理根據的事項及其應用而已。

　　世界上之所以沒有完全相同的兩個人，是因為遺傳讓他們擁有了獨屬自己的氣質、性格。遺傳基因的好壞，很大程度決定了一個人的好壞。這是自然賦予人的特性。

卷一　人性的得失

卷二　心靈的迷霧

　　心靈的快樂主要依賴於我們心靈的能力。很明顯
的是，我們的幸福大半依賴我們的本性是什麼、我
們的個性是什麼。所謂命運一般是指我們有些什麼，
或者我們的名聲如何。就這一點來說，我們當然可以
促進我們的命運。但是，如果我們內有的生命富有的
話，我們就不會多求我們有些什麼了。

榮譽只有一種間接的價值

　　在我們討論「榮譽」之前，我們先來了解「榮譽」的定義。

　　什麼叫榮譽？如果我說，榮譽感是外在的良心，而良心是內在的榮譽感，相信絕大多數人都會同意我所說的話。但這只是虛有其表的定義，並未真正深入問題的根本。我更喜歡這樣的定義：榮譽可分主觀及客觀的兩面，從客觀的一面來說，榮譽是他人對我們的評價和觀感；就主觀方面而言，榮譽感是我們對這種評價及觀感的重視。從主觀方面來看，做一個有榮譽感的人便要經常去運用有益於人類的影響力，雖然此種影響力絕非僅限於純道德的一面。

　　除了少數極端腐化的人之外，每個人都有著羞恥心，而且榮譽也是一種公認的價值。導致此種現象的原因如下：一個人完全依靠自己所能，其成就必然有限，這就如同在一個孤島上的魯濱孫一樣，盡二十年之力也只能求得自身之溫飽。而唯有在社會裡，人才能完全發揮其力量，並且獲得更大的成就。當人有意識之初他就明白這個道理，於是在內心升起了在社會中做一個有用分子的欲望。他希望自己能盡一己之力的義務，而且也能享受社會的利益。要成為社會中的有用分子，必須做兩件事情：第一，完成身為一個人的根本

責任；第二，完成身為一個人在此世界中所處之特殊地位所應盡的職責。

然而人們發現，認定他是否有用的不是他自己而是他人的意見，於是他竭盡所能地討好他所看重的世俗，以期給他們留下一個良好印象。如此一來便產生了人性中內在的和原始的特徵——榮譽感，或者自另一角度來稱呼它叫羞恥心。正是此種羞恥心讓人在受到他人評判時會羞愧臉紅，即便他明知自己是無辜的，或者他所作所為本不必受任何禮法拘束，可以依自由意志而行動，然而他人的評價依然會對他發生影響。相反，在生命中最能給人勇氣的便是得到或重獲他人欣賞的信念。因為唯有得到他人欣賞，他人才會聯合起來幫助他和保護他，憑著這種力量他可以抵禦生命中的各種災患，這是他以匹夫之力所無法辦到的。

為了獲得他人的信任，博取他人的好感，每個人都在自己與別人間維持著各式各樣的關係。這些複雜的關係形成了幾種不同的榮譽，這些榮譽有些是仰賴自身良好的行為，有些是靠著各種擔保，也有些是基於與異性間的關係。因此我們把各式各樣的榮譽概括為三大類：公民的榮譽、官場的榮譽、性愛的榮譽。

「公民的榮譽」是最常見的一種。這種榮譽是基於如下的設定：我們應該無條件尊重他人的權利，因此不得用任何

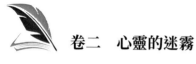

不正當與不合法的手段取得我們想要的東西。這種榮譽是人與人之間和平交往的條件，任何人毀壞了這種和平交往就是毀壞「公民的榮譽」，因此所有包含法律之責罰的東西，都認為責罰是正當的。因為法律是責罰破壞和平之人，這種人既已破壞了人際的和平關係，也就不得再享有「公民的榮譽」，並淪為囚徒了。

　　榮譽的終極基礎是一種認為道德品格永不改變的信念。換句話說，假如我們視某一行為是罪惡的，那麼意味著將來在相似動機、相同情況下的行動也必定是罪惡的。英文中「character」一字便包含了聲望、名譽、榮譽等意思。因此，除非是無心的失誤，或者遭受惡意的誹謗，或者是被誤會，否則，一旦榮譽喪失，便不會再有機會重新獲得。所以法律保護人不受讒言、誹謗和侮辱之害。而侮辱，雖然經常只是惡言惡語，卻也類似於隱藏了理由之後的簡要誹謗。因為只有在沒有理由可以訴怨的情況下，人才會透過惡言惡語來咒罵他人，否則他便會擺出他的理由，而留待其他的聽眾去下結論。可是當他咒罵時，他乃自己引申了結論，卻把前提隱去不談，認為別的聽眾會設想他是為了簡要起見，所以不說前提。

　　「公民榮譽」這個稱謂和源起都是來自中產階級，可是卻適用於所有人類，最上層階級也不例外。沒有人可以對這種榮譽的嚴肅性和重要性視而不見，任何人都應謹慎小心，

切不可等閒視之。信心一旦喪失，將永無再得到的希望，不論他做什麼事或成為什麼人，失去信心後只能收穫悲慘結果的事實是無法避免的。

相對於名聲所具有的肯定性質來說，榮譽的性質是否定的。因為榮譽不是人們對於某人獨具的品格之讚揚，而是對於某人應該表現且不應錯的一些品格之期望。因此榮譽是強調每個人都不該例外，而名聲卻是讚美某人的獨特成就。名聲是我們必須去爭取的，而榮譽卻是我們不得喪失的。沒有了名聲就不能出名，這也僅僅是消極的不好；但是失去了榮譽卻是一種恥辱，就是積極的不好了。榮譽的此種否定性質是不同於任何「被動」性質的，因為榮譽一旦發動，將比任何東西更具有主動的性質。它直接隸屬於表現這種品格的人，並且也僅與此人所為和所不為者相關，與別人的行動和別人加諸於此人的障礙都無關係。因此，榮譽是完全在我們能力以內的事。這一點特徵很明白地區分出什麼是真正的榮譽和我們立刻會提到的騎士精神的偽裝榮譽。

誹謗是唯一能夠無中生有，可以攻擊榮譽的武器，反擊此種攻擊的唯一方法便是用適當的輿論批駁此種誹謗，且恰到好處地去揭開誹謗者的假面具。

之所以尊敬德高望重的老年人，乃在於老人必然已在其生命的過程中顯示出來他有否長期維護美譽的能力，而不像

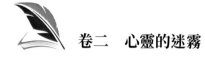

年輕人一樣，即便有美好的品格卻還未受到歲月的考驗。況且年輕人不僅在歲月上，而且在經驗上也是大不如老人的。因此白髮令人心儀，老者經常獲得他人內心由衷的敬仰。而皺紋——歲月的表徵——卻不會博得尊崇，人們常說「可敬的白髮」，但從未說「可敬的皺紋」。

　　榮譽只有一種間接的價值。在文章一開始的時候我就解釋過，別人對我們的想法，即便有影響，也只能左右他們對我們行為的態度。而且榮譽是一種社會的產物，有了榮譽感，我們才能生活在文明的狀態中。在我們許多的行為中，我們需要他人的幫助，同時在別人能為我們做任何事之前，對我們必須存有信任感。這樣，他們對我們的看法雖是間接的，雖看不出有直接的或當下的價值，卻是極為重要的。與我一樣，西塞羅（Marcus Tullius Cicero）也有這方面的意見，他說：「我完全同意克里斯普斯和戴歐尼修斯所說的，好的榮譽如果不能對我產生任何作用的話，那是絲毫不值得去獲得的。」霍華・休斯（Howard Hughes）認為：「我們之所以喜歡別人尊敬自己，並不是因為尊敬自身有什麼了不起，而是要看別人對我們的尊敬能帶來什麼好處。因為種種手段絕不會超過所要達到的目的，把榮譽的價值看成超過生命自身，這根本就是一種誇張的說法。這樣說來，街頭巷尾所說的榮譽就更不值一提了。」

至於官場的榮譽，大部分人的意見是，一個人擔任某種官職，在實際上就必須具有執行其任務的必要條件。比較大和比較重要的職務是肩負國家的責任，如果官職越高，影響力越大，一般人就更認為他必須在道德和理智上更具有適合該職務的條件。因此，官位越高，他所受的榮譽也就越大，比如頭銜、等級和他人對他的卑躬屈膝等行為，都是在表示這一點。通常來說，一個人的官銜包含著他應該有的某種程度的榮譽。事實上，具有特別任務的人比起一般人是更具有大的榮譽的，一般人的榮譽主要是讓自己免於遭人羞辱。

進一步說，官方的榮譽要求接受某種官職的人必須尊敬自己的官職，好為他的同僚及其後來者樹立好的榜樣。盡責就是要求官員尊重他的官職，拒絕對自己或對其官職有任何攻擊行為。要注意的是：指責他沒有盡到責任以及未促進社會的福祉的批評，也必須以法律來懲處。

隸屬於達官顯要榮譽下的是那些醫生、律師和教職員等等，簡單說，就是那些精於某種事業的人，應該也有一種榮譽感，也就是發誓為眾人服務的榮譽。除此之外，就是軍人的榮譽了。就軍人榮譽的實質意義而言，是為了捍衛國家主權、保衛國家領土完整，因此應該有軍人的氣質，其中諸如勇敢和視死如歸的決心，在任何情況下為國家而戰鬥。我在此所說的官場榮譽，是從廣義而言，而並不是指普通人對官

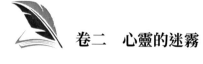

員的一種尊敬。

　　有關性愛的榮譽和其所賴以建立的原則，給予關注和加以分析是必要的。其中我所要說的足以支持我的論點，此即一切榮譽都是建立在功利基礎之上的。關於這一題旨有兩種自然的劃分：女人性愛的榮譽，男人性愛的榮譽。因為女人一生的主要內涵大部分是她和男人的關係，因此性愛對女人就比對男人重要了。

　　女人的性愛相對於她還是少女時，都是純潔無瑕的；直到她成為妻子時，是真誠的。這種意見的重要性是建立在下列的基礎上：女人的一輩子全是依靠男人的，而男人只依靠女人一部分。這樣的安排，使得女人和男人必須互相依靠。男人要負擔太太和他們的孩子的所有需求，這種安排是建立在女性的整體利益上。為了實現這種安排，女人們就緊密地維持關係以體現她們的團結精神，統一陣線為對付她們的共同敵人 ── 男人。男人占有世間一切美好的事物，諸如良好的體形和智力，女人為了圍攻男人和控制男人，以及瓜分男人所擁有的美好事物，就不得不統一陣線。為了達到這個目的，女人的榮譽所仰賴的規則，是為了強迫男人向女人投降，拜倒在她們的石榴裙下，除了結婚，沒有什麼是女人可以給予男人的。由於這種安排，這種規則就是全體女性所要遵守的了。但是，只有嚴格遵守這種規則才能達成這種結

果。世界上的女人確實一直小心翼翼地維繫著團結精神，任何女人若違反了這個規則，就是背叛了所有的女性，因為如果每個女人都像她一樣的話，全體女性的利益將會瓦解。因此如果一個女人沒有羞恥心的話，就是失掉了榮譽，她在其他女人眼裡就像瘟疫一樣，沒有人願意，也沒有人敢接近她。離婚的女人也會遭受相同的命運。因為離婚就是表示那個女人沒有能力，不能使丈夫向自己投降，這就意味著她損害了所有其他女人的利益。而且這種違反婚約的行為，不僅是女性個人要受到處罰，且涉及到大家的榮譽。這一點說明我們不太在意少女的貞潔，卻重視一位妻子的貞潔，因為前者還可以透過婚姻來補救，而後者卻無法彌補破裂的婚姻。

當我們了解這種團結精神是女性榮譽的基礎，且為女性利益和謹慎的必要安排後，就可以了解榮譽對女性福祉的極端重要性。不過其所具有的價值依然是相對的。因為榮譽並不能超過生命本身的存在和價值。假如將女性的榮譽過度擴大，就如同在關注手段的同時忘記了目的，而這是許多人常犯的錯誤。因為誇大女性的榮譽就意味著強調性的榮譽價值是絕對的，而事實上女性的貞操，和其他事相較，只不過是一種相對的事而已。從克里斯蒂安·湯姆森（Christian Thomsen）時代一直到宗教改革，在各個國家中，法律承認不法的男女關係，而並無損於婦女的榮譽，有人也許會進一步地

說，婦女的榮譽只不過是約定俗成的事罷了。

當然在生活的某種環境中，常使結婚的某種形式變得不可能，尤其是在信奉天主教的國家更是如此，在這些國家根本不存在離婚這樣的事情。我個人認為，在一個國家內，除了王子外，每個男人都要有自由選擇妻子的權利。男人的身體是屬國家的，結婚也只是為了國家。在這件事上，剝奪了王子自由選擇配偶的權利，其實是非常不合理的。當然，不管怎麼樣，女人對國家政府是沒有影響的。從女人自身的觀點來看，女人具有特殊的地位，而這種地位不受性的榮譽的常規所支配。因為她只是將自己奉獻給愛她的男人，即便不能結婚，她也是可以愛他的。通常來說，女性的榮譽在自然中並沒有它的起源，這可從許多肉體犧牲的事例中看出來，諸如屠殺嬰兒和母親自殺等。說真的，一個女人違反婚約，就是對整個女性的一種背叛。不過一個女人對女性的忠誠，只是祕密地被承認，並不是一種誓言。因此，許多的情況中，女人的命運是極為悲慘的，而其愚蠢程度卻又往往大於她的罪過。

相對於男人有關性的道德來說，由女人的貞操所引發的女性團體精神值得我們探討。這種精神使男人和女人結婚，而使征服者（女人）占了很大的便宜，這時男人和女人維持婚約關係時需要格外小心。一方面不可放棄婚約的任何拘束

力，男人放棄一切後，最低限度也不可輕易放棄他的占有物 —— 妻子。男人如果寬恕女人冒犯自己，其他男人就會認為他是可恥的。不過這種可恥並不像女人失掉榮譽一樣。女人失掉榮譽所遭受的侮辱是很嚴重的，而因為男人和女人的關係，相對於男人一生的其他重要事項來說並不是最重要的，因此女人對某個男人的冒犯所形成的恥辱就不如女人失掉榮譽所形成的恥辱那麼大了。

上面所討論的榮譽是以各個不同的形式和原則存於各個時代和國家中的。不過在歷史中女性榮譽的原則曾在各個時代遭受地方性的修正。另外還有一種與此完全不同的榮譽，這種榮譽是希臘人和羅馬人所沒有的，時至今日，許多人渾然不知，這是中世紀時出現的一種榮譽，且在基督教流行的歐洲產生，只存在於少部分的歐洲人之間，即社會的上層階級和適於做上層階級的人。這種榮譽是一種武士的榮譽，它的原則與先前所討論的榮譽完全不同，且在某些方面甚至與它相反，但它能產生一種俠義精神。為了與武士的禮儀一致，且讓我來解釋一下這種榮譽的原則。

首先，我們要了解的是，這種榮譽不是存在於他人口中我們有什麼價值，而完全取決於他們是否有這種意見。不管別人是否有任何意見，最要緊的是讓別人知道是否有這種榮譽的理由。對於我們的所作所為，別人也許有最惡劣的批

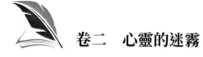

評，對我們抱有輕視的態度，而且沒有任何人敢表達不同的意見，我們的榮譽仍然是崇高的。假定我們的行為和本質使別人不得不給以最高的敬意，別人又毫無意見地給了這種敬意，但有人卻貶斥我們，除非我們能使他產生敬意，否則我們的榮譽就要遭到侵犯了。武士的榮譽不在乎別人所想的是什麼，而在乎別人所說的是什麼，這一點可以透過以下事實來說明，那就是別人侮辱我們，如果有必要，我們就得讓他道歉，道了歉也就不成其為侮辱了。至於他們是否能夠修正自己所說的，或者為什麼要那樣說，那都是無關緊要的，只需要道歉，所有的事情也就都能擺平了。這樣做的目的並不是在賺崇敬，而是非要他崇敬不可。

其次，這種榮譽不在乎一個人所做的是什麼，而在乎他遭遇的苦難是什麼。這種榮譽是與其他一切榮譽都有所不同的，它不存在於自己所說的或所做的是什麼，而在於別人所說的和所做的是什麼。因為一個人的行為可能是依據最公正的和最高貴的原則，他的心靈也可能是最純潔的，理智是最清明的，然而如果有人隨意侮辱他，他的榮譽也就會隨之消失。如果遇到這種情形，自己並沒有違反榮譽的規範，對於侮辱自己榮譽的人，也只能將他當作是最無價值的匪徒，或者是最愚昧的野獸、懶蟲、賭鬼，簡而言之，一個絲毫不值得我們去計較的人。通常也就是這種人習慣於侮辱別人，正

如賽尼卡所說的，越是隨意惡口傷人的，就越是低賤和令人嘲笑的，這種人對他人的侮辱多指向我上面所描述的人，因為興趣不同的人是不能成為朋友的，而世間一些豪傑之士就最易引起這類人的無理怒氣。歌德說得好：抱怨你的敵人是一件沒有絲毫意義的事，因為假如你的存在對敵人成了一種責難，那麼敵人是不可能成為你的朋友的。

顯然，這類毫無價值的人是有很好的理由來感謝榮譽的原則的，因為榮譽的原則讓這些人與有榮譽的人相形見絀。假使一個人以侮辱別人為樂，那麼這種人本質上是壞的。事實上，這種看法是大家可以立刻承認的。性格惡劣的人就喜歡侮辱別人，這幾乎是一種定律。換句話來說，一個遭遇他人侮辱的人，即便他是世界上最為不幸的人，也不論他所遭受的侮辱實是什麼，只要別人認為他是一個具有榮譽的人，那麼他依然是一個具有榮譽的人。一個具有榮譽的人是能夠忍受他人對其進行的侮辱的。這樣說來，所有具有榮譽感的人，對於性格惡劣的人來說都是不屑一顧、不屑與之為伍的。

我認為這種理智的分析歷程可以追索到從中世紀到 15 世紀的事實上。這一時期，在任何審判程序上，並不是原告要證明被告的犯罪，而是要被告證明自己是無辜的。被告可以發誓自己並沒有犯罪，而認同他的人也必須發誓以此證明

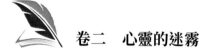

他不可能發虛假的誓言。假如沒有人支援他，或者原告對被告的支持者持反對意見，最後只能訴諸上帝的審判，通常也稱之為重申。因為被告此時已經陷入「不名譽」的狀態中，他必須證明自己的清白。這便是「不名譽」這一觀念的由來，當今整個體系還在流行，不過是將發誓省略了而已。這一點可以用來解釋，為什麼具有榮譽的人對說謊這種行為極為憤怒。說謊是應該訓斥的，我們必須要勇敢地糾正過來。儘管如此，人的說謊卻是隨處可見的。事實上，一個人威脅要殺戮一個愛說謊的人，自己就不應該說謊。在中世紀的審判中也以一種簡短的形式承認了這一點。在回答控告時，被告說：那是謊言。假如遇到這種情形，就只有留待神來審判了。因此，武士的榮譽信譽信條規定，一旦遇到他人說謊時，就只有訴諸武力了。其實遇到別人侮辱自己，也應該如此。

再次，榮譽和他的道德是否能變得好或者壞是沒有任何關係的，因為這種榮譽是不需要如此迂腐地探求。假使你的榮譽遭受他人攻擊的話，或者外表看起來沒有榮譽可言的話，只要迅速執行糾正的方法，很快就能恢復榮譽，那就是戰鬥。但是，假如攻擊者不知道武士榮譽規則，或者他自己曾經違反武士的榮譽，那就有另一種不費吹灰之力的安全方法來恢復你的榮譽 —— 立即給對方一拳。

如果擔心造成任何不愉快的結果，或不知對方是否能服從武士榮譽的規則，因而希望避免採取此類極端對策的話，就有另外一種方法可以讓自己處在健全的立場上，那就是透過比賽來決定勝負。

另外，我在此還要提醒大家的是，接受他人的侮辱是一件不體面的事，相反，侮辱別人則是一件值得炫耀、有榮譽的事。舉一個簡單的例子：我的對手站在他的立場來看是有理由的、是正確的、是真的。好吧！那麼我就侮辱你，這樣他就沒有榮譽和對的理由了，榮譽和對的理由反而到了我這邊，他想恢復他對的理由和榮譽，因此而使用了粗暴的方法。如此一來，榮譽被粗暴取代，粗暴勝過了一切，最粗暴的倒永遠成了對的。既然如此，你除了讓自己變得粗暴外，還需要做什麼呢？無論某個人是怎樣的惡劣和愚昧，一旦他以粗暴來做買賣，他的所有錯誤也就合法且能得到原諒了。

在任何討論或是談話中，如果別人比自己表現得更有知識、更為愛好真理、更具健全的判斷和理解，或普遍表現出一種理智的特質，因而讓我們黯淡無光，只要我們馬上攻擊他、侮辱他，就立刻消除了他的優越感，從而讓自己凌駕於他。因為粗暴是比任何論證都更加強烈的一種論證，它完全可以讓理智顯得黯淡無光。假如對手不理會我們的攻擊方法，或者不是以更為粗暴的方式來對我們進行攻擊，而是將

我們當成不具正當性的競爭對手，那麼我們仍然是勝利者和擁有榮譽者。需要無比傲慢的時候，就讓我們丟掉真理、知識與理智。

　　一個有榮譽感的人，當發現有人比自己更有才智時，就應該在第一時間內武裝自己。如果在爭論中，別人無法回答我們的問題，因而想要訴諸粗暴時，就表示他和我們是相同的狀態。最明顯的是，人們推崇榮譽，是由於認為榮譽可以讓社會變得高貴，這是正確的。這種理論是從另一種形式衍伸出來的，成為榮譽的靈魂與核心。

　　當然，榮譽的規則還包含著另一種意義，那就是榮譽是最高的法庭。一個人與任何一個人發生爭論，只要涉及到榮譽，我們就必須訴諸有形的力量，那就是蠻橫。嚴格說來，任何一種粗暴也就是訴諸蠻橫，是宣告理智和道德已不足以解決問題，衝突必須由有形的力量來解決。班傑明・富蘭克林（Benjamin Franklin）說人是製造工具的動物，而實際上是由人所製造的武器來決定的。透過蠻橫來解決問題，一旦決定了就不能改變。這也就是大家所知道的強權理論，當然這僅僅只是一種諷刺的說法，就如同說愚蠢的人是智者一樣。

　　最後，如同我們在前面所說的一樣，在你的和我的事務之間，市民的榮譽是過於謹慎的，他們過於尊重職責和諾言。另一方面，我們在此所討論的榮譽規則，則具有極高

貴的自由性。只有一個詞不可以撕毀，那就是「榮譽」。而且，如果撕毀了榮譽的話，有人諷刺我們，那我們就應該用普遍的方法 —— 決鬥，與他進行對決來恢復自己的榮譽。再者，人是有債務的，只有一種債務是必須要付清的，那就是賭債。除此之外，其他一切債務你都可以不予付清，你甚至可以欺騙猶太教徒和基督教徒，這對你的榮譽並不會造成什麼汙點，而不付賭債則是不榮譽的。

內心沒有偏見的讀者，也許會認為這是一種奇特的、野蠻的、令人嘲笑的榮譽規則。沒有人性的基礎，在人的事務之健全的觀點中，也找不出正當的理由。在其極為狹隘的可行性範圍內，只能用來強化人的感受，而即便是這種感受，也只能流行在自中世紀以來歐洲的上層階級、官員和士兵中，以及試圖模仿這種榮譽的人民當中。希臘人和羅馬人完全不了解榮譽的規則和原理。就是亞洲古代或近代高度文明的國家，對此也一無所知。在這些人中，他們除了理解我所指出的第一種榮譽外，並不理解其他的榮譽。他們認為一個人的所想所為也許可以影響自己的榮譽，但並不能影響別人的榮譽。遭人打擊也不過是遭人打擊，在某種情況下也許會讓人憤怒及立即採取報復，但這和榮譽無關。這些國家的人大多不會去計較打擊所受的侮辱。

然而，在個人的勇敢和輕視死亡這一事上，這些國家古

代人士所表現出來的，並不亞於基督教盛行的歐洲。你可以說希臘人和羅馬人至始至終都是勇敢的，但他們並不知道榮譽的真正含義。假使他們有任何決鬥觀念的話，這也與高貴的生命完全無關。決鬥也僅僅是被雇傭的人進行格鬥，判刑的奴隸、罪犯和野獸拚命一場，製造一個羅馬式的假日。基督教興起以後，格鬥沒有了，取而代之的是決鬥。這是由神的審判來解決問題的一個方法。如果格鬥是為偉大的觀念之欲望所作的一種殘忍犧牲，決鬥就是為既存的偏見所作的犧牲，也就是為自由和高貴所作的殘忍犧牲。

有這樣一段文字記載：有一位條頓族的酋長召喚馬里烏斯決鬥，但馬里烏斯斷然回絕說，「如果酋長對自己的生命感到厭倦的話，去上吊好了。」同時他推薦一位老練的格鬥者，去與酋長進行格鬥。有一位近代法國作家宣稱假如有人認為狄摩西尼是一位具有榮譽的人，那他的無知就會讓人有可憐之感了，而西塞羅也不是一個具有榮譽感的人。柏拉圖在其所著的《法律》一書中一再談到恭行一事，這就十分清晰地指出了古代人對於此等事情是沒有任何榮譽感觀念的。在蘇格拉底身上發生過這樣一件事情：有一個人沒理由地踢了蘇格拉底一腳，當時蘇格拉底對侮辱所表現出的忍耐讓他的朋友都為之驚嘆。蘇格拉底說：「如果一匹驢踢我，你認為我有必要恨牠嗎？」在另一場合上，有人問蘇格拉底：「難

道那人不是侮辱你和罵你嗎？」「沒有，他所說的不是針對我而說的。」蘇格拉底如是回答。從莫索尼烏斯·魯弗斯（Musonius Rufus）所保存的紀錄中，我們知道古代如何對待侮辱。他們知道除了法律所提供的解決方法外，沒有其他的方法能讓人滿意，聰明人甚至輕視這一點。假如希臘人被人打了，透過法律來解決他們也就滿意了，這一點可以從柏拉圖的著作中蘇格拉底所表示的意見看到。

備受人稱頌的犬儒學派哲學家克拉特斯曾經被尼可姆斯打了一拳，臉腫得像個紫色的茄子。克拉特斯在額上做了一個被尼可姆斯打了的記號，有一位玩橫笛的人看了感到非常的羞恥。這位玩橫笛的人曾對一個人使用過暴力，而這位被揍的人竟是所有雅典人所尊敬且當作神的人。

顯然，古代人對武士榮譽的整個規則並不清楚，因為他們對於人的事情常抱持著自然的和沒有偏見的觀點，不允許此類惡劣的、可惡的愚昧來影響自己。被人摑了一記耳光，他們認為只不過是一記耳光，一個沒有什麼了不起的肉體上的傷害而已。而近代人卻認為這是一件非常了不起的事情，是悲劇的一種題材。如果法國國會有某人挨了一記耳光，它的迴響也許要從歐洲這一端傳到另一端。

從以上我所說到的，大家應該已經明白，武士的榮譽之原則在人的自然性中並沒有一種本質上的及天然的源起。武

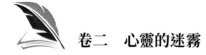

士的榮譽是一種人為的結果，而其源由是不難發現的。武士榮譽的存在很明顯的是人們習慣於用拳頭甚過用腦時就開始的，當牧師的方術縛緊了人的理智，在中世紀所流行的武士制度就使得武士的榮譽開始流行開來。當時，人們不僅讓上帝照顧自己，且由上帝來為自己作判斷。遇到困難的時候，多由神來作判斷。只有少數例外，那就是決鬥，當時貴族不僅重視決鬥，就是平民也重視決鬥。莎士比亞在其所著的《亨利六世》一劇中，對此進行了很好的說明。每一個審判都訴諸武鬥，實際即是訴諸肉體的力量和活動，也就是訴諸動物的自然性，以動物的自然性代替了審判中的理性，決定事物的對與錯，不以人所做的是什麼來決定，而以他所能抵抗的力量來決定。事實上，這也就是今日所流行的武士精神吧！假使有人懷疑這是近代決鬥的實際起源的話，那麼請你去讀約翰・米林根（John Millingen）所寫的《決鬥史》吧！而且在支持這一體系的人士中，你也可以發現他們通常並不是受教育很高或有思想的人，他們有些人常將決鬥的結果當成爭執最終的神聖判決。

　　拋開決鬥的淵源不說，現在我們應該明白的是，這一原則的基本傾向是用有形的威脅來達成一種在實際上很難達到的外表上的尊敬。這種程序有點像下面所說的事情一樣，那就是要證明你的房間內的溫度，你用手握著溫度計，因而使

溫度上升。事實上，這種事情的核心是這樣的：一般人的榮譽之目的在與人能和平地交往，因為我們無條件地尊重別人的權利，我們就值得別人的充分信任。另一方面，武士的榮譽則是不顧一切地使我們產生恐懼，因而使我們不得不由恐懼而折服。

假如我們生活在一種自然的狀態中，每個人都要自己保護自己以及直接地維持自己的權利，則對人的誠實、正直性就不能過於信任，以及武士榮譽的原則使人所產生的恐懼遠遠超過使人所能產生的信任，或許這種看法並不是錯誤的。不過，在文明的生活中，國家保護著我們每個人和財產，武士榮譽的原則就不能再加以運用了。在文明社會中，這個原則就如同某個時代的城堡和瞭望塔一樣，在其中是耕種得很好的田野、平坦的道路甚至鐵道，因而城堡和瞭望塔也就成了擺設。

如此說來，大家若承認這種原則，則這種武士榮譽原則的運用也只能限於個人毆打的較小事件上，而且這種毆打只會遭到法律上的輕微處罰，或甚至不會遭受處罰，只是一種很小的錯誤，當作茶餘飯後的話題說一說也就罷了。武士榮譽原則之有限應用的結果是，因為人的價值，反而強迫性誇張了它的可敬性，這種可敬是完全遠離自然性或人的命運的。誇張武士榮譽的原則，幾乎將它當作一種神聖的事物看待。

為了減輕這種輕率的傲慢，人們習慣於在每一件事情上退讓。假如兩個勇猛的人相遇，彼此都不讓步的話，那麼他們之間的些微差異就有可能引起一連串的咒罵，隨之而來的就是武力相爭。因此，假如去掉中間的步驟而直接訴諸暴力，在程序上也許更為合理。當然，訴諸暴力也有其自身的一些特別形式，這些形式後來演變為森嚴的規範和法律體系，然後一起形成為莊嚴但又可笑的鬧劇，那就是讓愚蠢之人甘願獻身的一種榮譽，他們將這種榮譽當作一種流俗的廟堂。因為假如兩個勇敢的人為了一些小事而爭論（比較重要的事由法律來處理），其中較為聰明的一位當然會讓步，並且他們也會認同彼此之間存在的差異。這是由一種事實來證明的，那就是一般人或者社會上各類不了解榮譽原則的人，多讓爭論自由發展。在這些人中，危害社會的人比起尊敬榮譽原則的人要少得多，衝突也不會經常發生。

　　所以有人說在良好的社會中，人的風度和談吐最終是建立在這種榮譽的原則之上的。榮譽的原則和決鬥就成為了反對粗暴和野蠻屠殺的主軸。不過，雅典、科林斯和羅馬可以說是謹守公序良俗的社會，人的風度和談吐都是極為良好的，並未對武士的榮譽有任何支持的論點。有一件事是真實的：在古代社會，女人的地位並不像今天一樣，現在的女人東家長西家短的什麼都聊，使得現今的社會完全與古代不

同。這種改變對於今日社會上所看到的一種傾向 —— 個人寧願選擇勇敢甚過其他的物質 —— 實是有極大貢獻的。事實上，個人的勇敢實是一種從屬性的德性，連低等動物都不如，我們沒有聽說過人能像獅子一般的勇敢。武士的榮譽絕不能當作社會的支柱，但它為欺詐、邪惡、缺少考慮和風度確確實實地提供了一種救濟辦法。因為沒有人願意冒死來糾正別人粗魯的行為，粗魯的行為也就常在人的沉默中過去了。

可以說，決鬥的方法在透過武力解決問題的地方極為流行，尤其是在政治和經濟上並不怎樣重視榮譽的國度裡更為盛行。

在這樣的國家，實在是沒有什麼真理可言。我們可以用更具正義的話來作主張，那就是當你對一隻狗咆哮時，牠也會反過來向你咆哮；你要是摸摸牠，牠就搖尾巴了。在人性中也是如此，多是以牙還牙、以暴治暴，你給我半斤，我就給你八兩。西塞羅說：「在嫉妒這矛頭中有某種刺透人的東西，就是聰明和有價值的人也會發現令人痛楚的傷處。在這個世界上，除了某些宗教外，沒有地方會默默地接受侮辱。」

榮譽是「皇帝的新裝」，讓痴迷於它的人深受其害。它除了引發人與人之間的衝突之外，似乎並沒有什麼實質意義上的價值。如果真存在價值，那一定是讓一個人的自我心理得到滿足，除此之外，什麼也沒有。

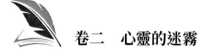

人最難擺脫的便是名利欲

　　人性有一個弱點，那就是我們經常太過重視他人對自己的看法。其實，只要稍加反省就能知道，別人的看法其實並不能影響我們可能獲得的幸福。因此，對於為什麼人人都對別人的讚美誇獎感到十分快樂這一點，非常費解。假如你打一隻貓，牠會豎立自己的毛髮；如果你讚美一個人，他的臉上便會浮起一絲愉快甜蜜的表情，而且只要你所讚美的正是他引以自傲的，即便這種讚美是顯而易見的謊言，他仍會高興之極。只要有人讚賞他，即便厄運當頭，幸福的希望猶如空中樓閣、海市蜃樓，他們也可以安之若素；反過來，當一個人的感情和自尊心受到自然、地位或是環境的傷害，當他被冷落、被輕視和被人忽略時，他都難免要感覺苦惱甚至極為痛苦。

　　假如榮譽感是基於此種「喜褒惡貶」的本性而產生的話，那麼榮譽感就可以取代道德律，而有益於大眾福利了。可惜榮譽感在心靈安寧和獨立等幸福要素上所產生的影響非但沒有益處反而存在危害性。因此從幸福的觀點來看，我們應該及時制止這種弱點的蔓延，自己恰當而正確地考慮及衡量某些利益的相對價值，從而減輕對他人意見的高度感受性、期待性。不管這種意見是諂媚與否，還是會導致痛苦，

我們都不必太過在意，因它們都是訴諸情緒的。如果你做不到這一點，便會成為顧及別人怎麼想的奴隸——對一個總是期待被讚美的人來說，傷害他和安撫他都是很容易的。

因此將個體在自我心目中的價值和在他人眼中的價值加以適當的比較，有助於了解我們的幸福。人在自己心目中的價值是集合了造成我們存在和存在領域內一切事物而形成的。簡單來說，就是集合了性格和財產中的各種優點在自我意識中形成的概念。另一方面，造成他人眼中價值的是他人意識，是我們在他人眼中的形象和連帶對比形象的看法。這種價值對我們存在的本身沒有直接的影響，可是由於他人對我們的行為是依賴這種價值的，因此它對我們的存在會有間接而和緩的影響。然而當這種他人眼中的價值促使我們起而修改「自己心目中的自我」時，它的影響更為直接。除此之外，他人的意識是與我們沒有絲毫關聯的。尤其當我們認清了大眾的思想是何等無知淺薄，他們的觀念是多麼狹隘，情操是多麼低賤，意見是多麼偏頗，錯誤又是何其多時，他人對我們的看法就更不相干了。當我們由經驗中得知人在背後是如何地詆毀他的同伴，只要他不怕對方也相信對方不會聽到詆毀的話，他就會盡量詆毀，我們就會真正不在乎他人的意見了。只要我們有機會知道古來多少偉人曾受過蠢蟲的蔑視，也就知道在乎別人怎麼說便是太尊敬別人了。

假如人不能在性格與財產中找到幸福的源頭，而需要在名譽裡尋找安慰，換句話說，他不能在他自身所具備的事物裡發現快樂的泉源，卻寄望於他人的讚美，這樣，他便陷於危險之境地了。因為照實說來我們的幸福應該建築在身體的本質上，身體的健康是幸福的要素，其次是要有一種獨立生活和免於憂慮的能力。這兩種幸福因素的重要，不是任何榮譽、奢華、地位和聲名所能匹敵和取代的，如果必要，我們都會犧牲後者來成就前者。要知道任何人的首要存在和真實存在的條件都是藏在他自身的身體裡，而不是在別人的看法中；而且個人生活的現實情況，例如健康狀態、氣質、能力、收入、妻子、兒女、朋友、家庭等，對幸福的影響將遠遠大於別人對我們的看法。假如不能及早認清這一點，我們的生活就將一片晦暗。

假如大家堅持認為榮譽重於生命，堅持認為生存和圓滿都比不上別人的意見來得重要，當然這種說法可能只是強調如果要在社會上飛黃騰達，他人對自己的看法，即名譽的好壞是非常重要的。只是當我們見到那些不畏艱險、刻苦努力、奉獻生命而獲得成就的人，其最終的目的不外乎顧及他人對自己的評價；當我們見到人們不僅職務、官銜、打扮，就連知識、藝術及一切努力都是為了求取同僚更大的尊敬時，難道不為人類愚昧的極度擴張而感到悲哀嗎？

　　過於重視他人的意見是所有人都會犯的錯誤，這個錯誤根源於人性深處，也是文明與社會環境的結果，但是不管它的來源到底是什麼，這種錯誤在我們所有行徑上所產生的巨大影響，以及它有害於真正幸福的事實是不容否認的。這種錯誤小則使人們膽怯和卑屈在他人的言語面前，大則可以造成像維吉士將匕首插入女兒胸膛的悲劇，也可以讓許多人為了爭取身後的榮耀而犧牲寧靜與和平、財富、健康乃至生命。由於榮譽感（使一個人容易接受他人的控制）可以成為控制他人的工具，因此在訓練人格的正當過程中，榮譽感的培養占有一席之地。然而榮譽的這種地位和它在人類幸福上所產生的後果是兩回事，我們的目標是追求幸福，所以必須勸讀者切勿過於重視榮譽感。日常經驗告訴我們，太重視名譽正是一般人最常犯的錯誤，人們非常計較別人的想法而不太注意自己的感覺，雖然後者較前者更為直接。他們顛倒了自然的次序，把別人的意見當作真實的存在，而把自己的感覺弄得含混不清。他們將次要事物當作首要的主體，以為它們呈現在他人前的影像比自身的實體更為重要。他們希望自間接的存在裡得到真實而直接的結果，把自己陷進愚昧的「虛榮」中，而虛榮心重的人就像吝嗇鬼，熱切追求手段而忘了最初的目標。

　　事實上，我們置於他人意見之上的價值，以及我們經常

為博取他人歡心所作的努力，與我們可以合理地希望獲得的成果是無法平衡的。換句話說，前者是我們能力以外的東西。然而人又無法抑制這種虛榮心，這就可以說是人與生俱來的一種執著了。

我們做任何一件事，首先便會想到：「別人會怎麼講。」人生中幾乎有一半的麻煩與困擾就是來自我們對此項結果的焦慮上，這種焦慮存在於自尊心中，人們對它也因日久麻痺而沒有感覺了。我們的虛榮弄假以及裝模作樣都是源於擔心別人會怎麼說的焦慮上，假如沒有了這種焦慮，也就不會有這麼多的奢侈了。

各種形式的驕傲，不論表面上有多少差異，骨子裡都有這種擔心別人會怎麼說的焦慮，然而這種焦慮所付出的代價又是多麼大啊！人在生命的每個階段裡都有這種焦慮，我們在小孩身上就能見到，而它在老年人身上所產生的作用就更顯強烈，因為當年華已老，沒有能力來享受各種感官之樂時，除了貪婪，剩下的就只有虛榮和驕傲了。法國人可能是這種感覺的最好例證，自古至今，這種虛榮心就像一個定期的流行病一樣時常在法國歷史上出現，它或者表現在法國人瘋狂的野心上，或者表現在他們可笑的民族自負上，或者表現在他們不知羞恥的吹牛上。可是他們不但沒能達到目的，其他的民族不但沒有欣賞他們卻反而譏笑他們，稱呼他們：

法國是最會「蓋」的民族。

西元 1846 年 3 月 31 日的《時代》雜誌有一段記載，就足以說明這種極端頑固的重視別人意見的情形。有一個名叫湯瑪士‧魏克斯（Thomas Weichs）的學徒，基於報復的心理謀殺了他的師傅。雖然這個例子的情況和人物都比較特殊一點，可是卻恰好說明根植在人性深處的這種愚昧是多麼根深蒂固，即便在特異的環境中依舊存在。《時代》雜誌報導說：在行刑的那天清晨，牧師像往常一樣很早就來為他禱告，魏克斯沉默著表示他對牧師的布道並不感興趣，他似乎急於在前來觀望他不光榮之死的眾人面前使自己擺出一副「勇敢」的樣子……在隊伍開始走動時，他高興地走入他的位置，當進入刑場時他用足夠讓身邊人聽到的聲音說道：「現在，就如陶德博士所說，我即將明白那偉大的祕密了。」接近絞刑臺時，這個可憐人沒有任何人協助，獨自走上了檯子，走到中央時他轉身向觀眾連連鞠躬，這一舉動引起臺下看熱鬧的觀眾發出一陣熱烈的歡呼聲。

當死亡的陰影就在一個人眼前時，他還在擔心自己所留給一群旁觀者的印象，以及別人會怎麼想他。這未免顯得有些不可思議，但事實就是這樣。另外，在雷孔特身上也發生了相似的事情，時間是西元 1846 年。雷孔特因為企圖謀殺國王而被判死刑，在法蘭克福地方處決。審判的過程中，雷

孔特一直為他不能在開庭前穿著整齊而煩惱；他被處決的那天，更因為不准他修容而為之傷心。其實這類事情也不是近代才有的。馬提奧·阿爾曼（Matteo.Arman）在他的一部著名的傳奇小說的序文中告訴我們，許多中了邪的罪犯，在他們死前的數小時中，忽略了為他們的靈魂祝福和作最後懺悔，卻忙著準備和背誦他們預備在死刑臺上作的演講詞。

從這兩個例子中我們可以看到他自己本身放大後的樣子。我們所有的焦慮、困擾、苦惱、麻煩以及奮發努力幾乎大部分都是因為擔心別人會怎麼說，在這方面我們的愚蠢與那些可憐的犯人並沒有兩樣。羨慕和仇恨經常也源於相似的原因。

你要知道，幸福是存在於心靈的平靜及滿足中的，所以要得到幸福就必須合理地限制這種擔心別人會怎麼說的本能衝動。當然要做到這一點還是很困難的，因為此類衝動原是人性內自然的執拗。泰西絲說：「一個聰明人最難擺脫的便是名利欲。」制止這種現象的唯一方法就是認清這是一種愚昧。想認清這是一種愚昧，我們就必須先明白人們腦裡的意見大部分都是錯誤、偏頗和荒謬的，所以這意見本身並不值得一顧。再說，在日常生活中，大半多數的環境和事務也不會真正受到他人意見的影響。何況這種意見通常是批評褒貶的居多，所以一個人如果完全知道了人家在背後怎麼說他，他會煩死。

其實，我們也清楚地知道，與其他許多事情相比，榮譽並沒有直接的價值。如果人們確切地理解到了這一點，那麼就可以獲得現在所不能想像的和平與快樂，就可以更堅定和自信地面對世界，不必再拘謹不安了。

退休的生活有助於心靈的平靜，這是由於我們離開了長期受關注的生活，不須再時時刻刻顧忌他們的評語。換句話說，我們能夠過「歸返本性」的生活了。同時我們也可以避免許多厄運，這些厄運是由於我們現在只尋求別人的意見而造成的，由於我們的愚昧造成的厄運只有當我們不再在意這些不可捉摸的陰影，並專注於牢靠的真實時才能避免，這樣我們方能沒有阻礙地享受美好的真實。但是，別忘了：值得做的事情都是難做的。

人最難擺脫的便是對名利欲的追逐。一個人只有理解到榮譽其實並沒有直接的價值，那麼，他才有可能獲得和平與快樂，才有可能更堅定和自信地面對世界，不再拘謹不安。

貪欲在惡德中的地位尚無確定

正如勇敢在美德中的地位尚無定論一樣，貪欲在惡德中的地位也是如此。不過，我們不應將貪欲和貪婪混淆。現在讓我們對「貪欲」這個問題提出論證，當然最後的判斷讓每個人自己去作。

　　一方面，有人認為，貪欲並非惡德，是與奢侈浪費相反的。一個人之所以奢侈浪費是由於他只顧目前的享受，滿足他的肉慾，與這相比，只存在於思想中的未來，根本不值一提。奢侈浪費建立在一種錯覺之上，認為感官享樂具有積極性或實際價值。因此，將來的貧乏和不幸是浪費者換取空虛、短暫以及僅為想像中逸樂的代價；或養成他對那些暗中譏笑自己的寄生者卑躬屈膝的得意的無意義和愚魯的自負，或對群眾地注視和那些羨慕他富麗堂皇者的自負。因此，我們應該避開浪費者，就像避開鼠疫一樣，同時，在發現他的惡德以後，要在第一時間和他斷絕來往，以免將來因浪費而帶來的結果來臨時，還要替他承擔責任。

　　同時，我們不要寄希望於那些愚蠢地浪費自己財產的人有機會保管別人財產時不會動用別人的財產。由此可見，奢侈浪費不但會帶來貧窮，而且還有可能導致犯罪。在有錢階級中，犯罪幾乎總是由奢侈浪費所致。所以，《古蘭經》說，一切浪費都是「撒旦的兄弟」，這句話是相當正確的。

　　貪欲之產生，基於一個原則，那就是認為一切快樂在效用上只是消極的，而包含一連串快樂的幸福則是幻想；相反，痛苦卻是積極的，也是極端真實的。所以，貪欲的人拋棄前者以便可以從後者保存更多一點，於是，容忍和自制便是他的座右銘。而且，由於他知道不幸的可能性是如此的無

窮無盡，危險的途徑又是如此的多，所以，他增加避免危險和不幸的手段，以便在可能時為自己建立一道堅固的防護牆。因此，誰能說預防不幸的小心謹慎是一種過度的表現呢？那些知道命運的惡毒何處達到極限的人，即便是過度小心謹慎，最多也只是一種只會危及小心謹慎者的錯誤，而不是有害於他人的錯誤。如果他從來不需要自己所收藏的財富，總有一天，這些財富將會有益於別人。在那樣的事實發生之前，他把金錢從流通中收回，這件事也不是什麼災禍，因為金錢並非消耗物，它只代表某人實際上可能擁有的財貨，而其本身並非財貨。

貨幣只是籌碼，它的價值是它所代表的東西，而它所代表的東西是不能從流通中收回的。而且，把錢收回來，其他還在流通中的錢的價值便因此而提高了。即使像別人所說的情形一樣，很多守財奴對金錢的執著並無特殊理由，同樣，另一方面，很多浪費者，他們花錢和浪費，也不需要什麼好的理由。

與守財奴交朋友，不但沒有危險，而且還有諸多好處，能為你帶來很大的利益。因為，那些和守財奴最接近最親密的人，當守財奴死去後，會獲得守財奴的財富；甚至在他活著的時候，如果迫切需要的話，也可以從他那裡得到一點接濟。不管怎樣，我們從他那裡得到的比從浪費者那裡所得到

的，總可以多一點，因為浪費者本身也處於無助的境況中。西班牙有一句諺語說：「鐵石心腸的人會比身上囊空如洗的人多給一點。」從這些情形看來，貪欲並不是惡德。

當然，也有觀點認為，貪欲就是一切惡德的根源。當肉體的快樂引誘一個人偏離正道時，他的肉慾——身上所包含的獸性部分。這種吸引力深深地影響他，使他屈服於當下的印象，他的行為根本不考慮後果。可是，相反的，當他因年老或體弱而達到一種境況，這時，他過去戒絕不了的惡德就會自動離他而去，追求肉體快樂的能力也沒有了——如果他這時轉向貪欲，則心智上的欲望比感官上的慾望，保留的時間要長久。從追求感官上短暫的快樂，轉變為對金錢的深思熟慮的貪求，這種對金錢的貪求像貪求金錢所表示的目的物一樣，在性質上是象徵性的，也是無法消滅的。

這種對現世快樂的持久的貪愛——似乎是一種經過長久時間以後便自動失去的貪愛；這種根深蒂固的罪惡，這種肉體上高尚文雅的欲望，是集一切欲望的抽象形式，一切欲望對這抽象形式的關係，就像特殊事物對一普遍觀念的關係。所以，貪欲是老年人的惡德，正如奢侈浪費是年輕人的惡德一樣。

人在不同時間段所追求的東西不一樣，因此，惡德的表現形態也各不相同。如人在年輕時，惡德最耀眼的表現是奢侈浪費；等人到老年時，貪欲反又掌控了人的身心。

嫉妒讓人處在不利地位

人性中最壞的特點是嫉妒，對別人的不幸遭遇幸災樂禍。這是一種接近殘忍的感情，也可以說是從殘忍中產生出來的。一般看來，關於這一點，我們可以說，它占據了原本應該為憐憫所占的地位 —— 憐憫是這種情感的反面，也是所有真正正義和慈悲的根源。

嫉妒和憐憫形成了兩個極端。嫉妒產生於一種與產生幸災樂禍心理直接相反的原因。憐憫和嫉妒的對立以及憐憫和幸災樂禍心理的對立，主要是基於產生它們的時機。在嫉妒情形下，嫉妒只是我們感覺到的原因的直接結果。這就是為什麼嫉妒雖是一種不好的情感卻可以解釋的理由。通常來說，嫉妒是一種非常合乎人之常情的情緒；而幸災樂禍心理則是殘酷可怕的，幸災樂禍所帶來的笑罵，猶如來自地獄的笑聲一樣可怕。

剛才我們講過，幸災樂禍心理占據了原本為憐憫應該占有的地方。相反的，嫉妒所占的，只是沒有引起憐憫的地方，或者說得更正確一點，嫉妒所占的只是引起與憐憫相反感情的地方。嫉妒發生在人類心胸中，就只是作為這種相反的感情。所以，從這個觀點去看，嫉妒仍然可以算是一種人類的情操。恐怕沒有一個人能夠完全避免嫉妒。

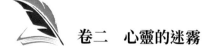

當一個人看到別人享受某些東西而自己沒有這些東西時，就會更加感到缺乏這些東西，這是一種自然現象，或甚至是一種必然現象。但是，這種情形本來不應該使他憎恨那個比自己幸福的人。可是，真正的嫉妒正是這種憎恨。

當某人的幸福並非幸運所賜或由於機會或由於別人的恩惠而是由於自己天賦的才能時，我們就不應該嫉妒他。因為，一個人固有的一切東西是基於形而上學的，也有更高的證明。我們可以說，這是神的恩寵賜給他的。但是，不幸的正是在這個人利益的情形下，嫉妒是最不能相容的。於是，一個有智慧甚或天才的人物，只要他所處的地位不能高傲而大膽地藐視這個世界時，如果他不為自己的存在請求寬恕的話，便無法為這世界所包容。

換句話來說，如果是由於財富、地位或者是權力而產生的嫉妒，那麼這種嫉妒常常可能被自私心理所壓制。這種心理認為，只要有機會，便有機會從嫉妒者那裡得到幫助、快樂、保護等等，或者以為，和優於自己的人接觸，至少可以從他身上反射出來的光彩中得到光榮。這裡還有一個希望就是：也許有一天自己會獲得這些益處。可是，相反的，如果嫉妒的對像是天賦的才能或個人的優點，如女人的美麗或男人的智慧，便沒有任何安慰或希望。因此，便只有痛恨那享有這些優點的人。於是，唯一的希望便是報復他。

但是，在這裡，嫉妒的人往往處於不利地位。因為，一旦當我們知道那些打擊是從何而來，這些打擊便沒有了力量。所以，他小心地隱藏他的感情，如同這種感情是隱祕的罪惡似的。因此，為了能在不知不覺間傷害他嫉妒的對象，他便變成為一個不斷想出詭計、策略來掩飾和隱藏手段的人。例如，假裝毫不關心，他會刻意忽視那些使他深覺憂傷的長處，進一步使自己變成擅於掩飾的人。他會以最大的技巧完全忽視那些光芒超越他的人，並且，他的行為表現好像對方是一個完全不重要的人，有時候，甚至根本忘記他的存在。但是，在暗中，卻小心翼翼地設法剝奪那些表現這些長處而為眾所周知的機會。於是，他暗中以不友善的批評、諷刺、嘲笑和誹謗等方式來攻擊這些長處，就像從洞穴中噴出毒汁的蟾蜍一樣。他會熱烈地讚揚不重要的人們，甚至在這方面還做出一些漠不相干或惡劣的動作。

總之，他會變成玩弄陰謀詭計且善變的人，以求傷害別人而不讓別人知道。但是，這有什麼用呢？儘管如此，眼光厲害的人一看就可以看出來。即使別的東西不能使他顯露本相，然而，他偷偷地避開和逃避自己嫉妒對象的方式，也會使他顯露本相，他愈是孤獨，便愈是顯著。這就是為什麼漂亮女孩們沒有同性朋友的緣故。他所表現的無緣無故的憎恨，也顯露出他的本性 —— 這種憎恨在任何環境中的激烈爆

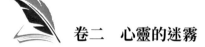

發中發洩出來，不管這些環境是多麼微不足道，雖然這些環境往往只是自己想像的結果。

　　嫉妒只會讓一個人善變，對人總是玩弄心眼，這樣的做法實在是再愚蠢不過的行為，因為它除了讓你被眾人孤立之外，實在於己無益。

嫉妒產生不幸和痛苦

　　嫉妒是人的天性，它可以很快變成一種邪惡並導致不幸和痛苦。我們應該把它當作幸福生活的大敵，像壓抑制止任何惡念一樣熄滅中燒的妒火。這是塞涅卡給予我們的忠告，正如他所指出的那樣，「拿自己的不幸與別人的幸運相比，是一種自我折磨。如果能避免此種苦行，我們將會滿意自己所擁有的一切」。並且，「如果別人生活得似乎比我們要好，那麼，想一想還有多少人身陷窘境」。事實上，當真正的災難降臨於我們時，最有效的安慰就是想到還有比我們遭遇更不幸的人，其次是想到世界上那些與我們處於相同命運的人 —— 他們分擔了我們的不幸和災難。

　　至於嫉妒，我們完全可以認為是針對別人的，和我們無關。假如我們遭到別人的嫉妒，應該永遠記住：沒有哪一種仇恨像因嫉妒而引起的仇恨那樣難以和解。因此，我們應該小心謹慎，避免遭人嫉恨。並且，正如其他許多形式的不幸

一樣，由於其後果的嚴重性，我們自己也絕不要玩弄嫉妒之火。

有三種類型的貴族：① 出身和地位上的貴族；② 財產上的貴族；③ 精神上的貴族。其中真正高貴的是第三種，人們最終將會理解到它榮居首位的資格。像腓特烈大帝（Friedrich II）這樣卓越的國王也承認這一點 —— 當他的內侍對下列一事表示驚訝時，即大臣和將軍們都要屈位於內侍之下，而伏爾泰卻享有與國王和皇室人員同坐一桌的特權，腓特烈大帝便對其內侍說：「精神的出類拔萃是至高無上的。」

以上三種類型的貴族都置身於被人嫉妒羨慕的人群之中。不論你屬哪一種類型，都將遭到他人隱祕仇恨的攻擊，除非由於恐懼的威懾，否則，他們就總是因擔心你明白你比他們優越而焦慮不安。這種焦慮不安使他們對現實存在的人們的嫉妒心理暴露無遺，而正是這一點使你認清了他們的面孔。

假如你遭人嫉妒，就應該與心懷妒意的人保持適當距離，並且，盡可能避免與之發生連繫。這樣，在你與他們之間便會形成一條難以逾越的鴻溝。如果做不到這一點，就泰然自若地迎戰他們的攻擊吧！在後一種情況下，以其人之道還治其人之身是最好的辦法。一般來說，人們都是這麼做的。

身分、社會地位相差無幾的人之間不會產生嫉妒，只有身分、社會地位相差懸殊的人之間才會產生嫉妒，且大多是身分卑微、地位底下者嫉妒身分顯赫者。那麼，如何應對他人的嫉妒，叔本華給了我們建議：一是遠離嫉妒你的人，二是以其人之道還治其人之身。而我倒認為，第一種建議更為可取，因為這樣不至於挑起爭端。

傲慢是一種無知的行為

　　人們常說的愚昧包含三個方面：貪婪、虛榮和傲慢。虛榮和傲慢的區別在於，傲慢是確信自己在某一方面具有卓越特長，虛榮則是令他人「確信」的欲望。傲慢存在於內，是直接的自我欣賞，而虛榮則是透過滿足外欲達到這種自我欣賞。所以，虛榮心強的人能言善辯、狂妄自大，而又沉默寡言。愛虛榮的人應該知道，保持沉默要比喋喋不休更容易得到他人讚美。所以我們可以肯定地說：任何想假裝傲慢的人都不是妄自尊大的人。

　　只要堅定不移地確信自己具有傑出專長和特殊價值，就會使人產生自大，或由於偶然的以及一貫的性格優勢而產生的確信。傲慢根源於確信，它的最大障礙就是虛榮心。為謀求對自我價值的高度評價打下必要的基礎，虛榮心就投世人所好，阿諛奉承。而傲慢則是以早就存在的確信為基礎的。

　　傲慢，其實就是吹毛求疵、尖酸刻薄。傲慢的人其實並沒有什麼值得他們傲慢的資本。一個人如果本質很好，又不自恃己長，與他人和睦相處，他人就會真誠坦率地待他。在此，我要特別奉勸那些表現傑出的人，傑出就像勳章和頭銜一樣，不能每時每刻都引起人們的注目。另外，請記住一句阿拉伯格言：「與奴隸開玩笑，不久就會狼狽不堪。」我們不能不注意賀拉斯說過的「獲取你應該得到的名譽」，儘管名譽並沒有什麼直接價值。

　　一切眾生，不僅僅是人，所有一切生命的貪、嗔、痴、疑都是與生俱來的。傲慢之人所做的事情大都古裡古怪，由於傲慢的變態心理，無知就顯現出來了。可見，做人不可自以為是、自大張狂、一意孤行。這是避免人生失敗的方法之一。

幻想只會折磨人的心智

　　在一切關乎我們幸福與痛苦的事物中，我們應該警惕的是不要受幻想的驅使去建構那虛無縹緲的空中樓閣。首先，這樣做的代價是相當昂貴的，因為我們最終不得不推倒它們，這樣就會導致產生種種痛苦和悲哀。此外，我們還應該小心提防不要在想像那種子虛烏有的災難時傷心難過。假如你的想像純屬虛構，或者是那種破壞性可以忽略不記的災難，我們理應立即從夢幻中清醒過來，理性地認知到事情的

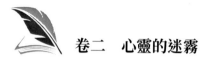

全部僅僅是一種幻覺。我們理應熱愛現實生活而絕不是虛假的幻想，最多是在內心告誡自己還存在發生不幸的可能性 —— 儘管這種可能性微乎其微。不管怎樣，這些並不是想像力所鍾愛的玩物，而僅僅是我們在百無聊賴之際構思的空中樓閣，並且總是呈現出一幅令人愉悅的畫面。

那種能產生可怕夢魘的事物會在一定範圍內對我們造成威脅，儘管它離我們還有一段距離。幻想讓我們透過虛幻的紗幕去看待可能發生的災難，從而讓它們看起起來顯得要比現實中的災難更加嚴重，更加可怕。這是一種奇特的夢幻，它不像那種讓人產生愉悅的美夢那樣，只要人醒過來便能擺脫夢境。甜美的夢很快就會在現實中破滅，最多留下尚在可能之中的一絲淡淡的希冀。只要我們沉湎於悲觀沮喪之中，幻覺就不會輕易地消失，相反，它會隨時產生，因為幻覺總是可以被人們意識到的。但是，我們常常無法估計可能性的精確範圍，因為可能性輕而易舉地就會變成可能的事物，於是，我們便開始折磨自我。因此，我們千萬不要杞人憂天，徒傷腦筋，而是遇事要沉著冷靜、從容不迫地思考問題，雖然這個問題並不一定與我們有關。在這裡，我們不應該發揮想像的作用，因為，想像不是判斷 —— 它僅僅能產生幻覺，而這些幻覺往往導致一種無益的甚至是極端痛苦的心情。

在此，我始終認為，人尤其要注意的是夜晚。因為黑暗

往往會讓一個人產生恐懼心理，會讓你感覺到處都是幽靈在遊蕩，這就如同思想晦暗時產生的情景一樣，那忽明忽暗、搖曳不定的燈光常讓人感到危機四伏、膽戰心驚。因此在夜晚，當我們思考廢弛、判斷力衰退的時候，你會覺得夜更加顯得深沉，人的才智也會愈發變得遲鈍，導致人對事物產生混淆，致使無法掌握事情的本質。在此情形下，當我們思考關於我們自己的個人利益的事物時，這些事物便會以一種危險而恐怖的形象呈現出來。深夜，我們躺在床上時多半會出現這種情況，因為人在這時候精神會完全鬆懈下來，判斷力也無法履行自己的職責，而想像力在此時卻表現得異常活躍。黑暗讓所有的一切都蒙上了一層迷霧，讓人不明就裡。這就是在我們入睡之前或處於似睡非睡狀態時，我們的思想常常是這樣混亂並把事實與夢境相顛倒的原因。此時，假如我們的思想專注於我們自己的事情，這些事情通常都會顯得險惡而可怕。一到早晨，所有這些恐怖感都像夢幻般消失殆盡，正如一則西班牙諺語所說的那樣：夜晚是五彩繽紛的，而白晝是無色透明的。

　　但是，到暮靄籠罩的黃昏，只要點燃燭光，人的思想就會像眼睛那樣，看事物不再如白天那樣清晰，因此，此時也不宜進行嚴肅的沉思，尤其是不宜思考那些令人不快的問題。相對來說，唯有清晨才是沉思最適當的時機 —— 當然，

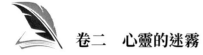

也要竭盡全力，無論是精神上的還是肉體上的。因為，早晨是一天之始，萬物都是那麼清新富有生機。這時，我們感到自己強健有力，各種能力運用自如。因此，要珍惜早晨的寶貴時光，不要貪睡懶覺，不要將它空耗在無益的事務或無聊的空談之中。在某種意義上，清晨時光就是生命的本質。我們的一切言談舉止都像是步入垂暮之年：無精打采、嘮嘮叨叨、頭昏眼花，如此等等。每一天都是一次短暫的生命：萬物甦醒，獲得一次新生。每一個清晨都是一次初始，而後，萬物都要靜止安息，睡眠如同一次暫時的死亡。

　　然而，至於健康、睡眠、飲食、溫度、氣候、環境等條件都純粹是外在的東西，通常說來，會對我們的情緒乃至我們的思想產生重要影響。因此，無論我們對事物的看法還是我們的行為舉止，在很大程度上都受時間和空間的制約。一定要珍惜愉快的心境，因為它是那麼難得！關於我們的周圍世界，我們不可能任意形成新的觀念或自由發揮獨創的思考模式，一切都必須順其自然。所以，關於我們的個人事務也是如此，雖然我們已經決定預先思考並竭盡全力去實現它，但我們仍然未必就能不失時機地掌握它。因為，思緒經常會在沒有任何外在契機的刺激下突然活躍起來。這時，我們可能會以強烈的興趣狂熱地任其在頭腦裡馳騁。在這種情況下，我們往往難以自制。

　　我在此所說的這種對想像的抑制，將會阻止我們打開記憶的閘門，達到令人痛苦的往昔，或者將淡化我們曾經受過的傷害、不公、恥辱、藐視和煩惱等損失。這樣做的好處就是能振奮我們的精神，開始新的生氣勃勃的生活，而所有那些可惡的情感——尤其是侵擾和敗壞我們品性的憤怒和怨恨的情感——將被徹底埋葬。新柏拉圖主義者普羅克洛在一則膾炙人口的寓言中指出，在每座城市裡，普通民眾總是與那些富有而高雅的顯貴們相鄰而居，這樣，便不再有什麼高貴或威嚴，人人都一樣。因為，在他們的本性深處都有各種低級粗俗的欲望，從而使其形同動物。聽憑民眾造反或任其在暗地裡蠱惑人心，是行不通的，那是一種可怕的情形，而這種情形是我所描述的那種想像力的爆發所致。哪怕最微小的不順心——不論是由我們的同伴還是周圍的事物造成的——也可能被誇張為巨大的煩惱和痛苦，從而讓自己落入智窮才盡、不知所措的境地。因為我們陷入困境所導致的鬱悶及焦慮之中，過度地渲染了所遭遇的種種困難。對那些令人不快的事採取一種漠然置之的態度則要明智得多。唯其如此，我們才能在困難面前應付自如。

　　幻想如同放大鏡，誰透過放大鏡去看事物，即便是看一隻螞蟻也會產生看到大象之感。幻想是讓人迷失心智的惡魔，誰被幻想掌控心智，誰就將喪失理智。

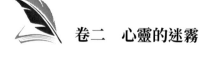
心靈的寧靜是人類幸福的根基

　　人的理智行為表現在現在與將來這兩個著眼點之間保持恰當的比例，以避免由於過多地關注其中一方而損害另一方。有許多人 —— 在此我所指的是那些微不足道的人 —— 僅僅生活於現在，也有這樣一群人則喜歡沉湎於未來，並總是憂心忡忡、愁思滿腹。很少有人能夠在兩個極端之間保持中庸，為自己找到平衡點。那些將希望寄託於未來，甘願為之奮鬥，並僅僅生活於未來的人，對那種即將到來的事物總是表現得翹首以待、急不可耐，彷彿這是某種一到手便可獲得幸福的東西。儘管那些人看起來聰明絕頂、氣度非凡，要是從嚴格意義上說，他們不過像義大利的短尾猴，一種希望得到自己想要的東西的動力支撐著他們，使他們自始至終急急忙忙地緊追不捨。那些事物總是恰好在他們的前面，而他們則一直試圖得到它，於是，其一生看起來都是那麼忙碌。這種人就其整體存在而言，他們置身於一種恆久虛幻的情境之中，持續不斷地生活於一種短暫的臨時狀態，直到最終走完其人生的旅途。

　　因此，我們絕不應該因牽掛未來而致使自己思緒不寧、焦慮企盼，也不應該沉湎於對往事的追悔惋惜，而應該牢牢記住：唯有當下才是實在的、確定的，未來總是無一例外地

使我們的希望落空，過去也常與我們曾經預料的相去甚遠。總之，無論是未來還是過去都不及我們所想像的。同樣的物體，由於間距，在肉眼看來相對較小，但思想卻可以放得很大。只有當下是真實可行的，它是唯一具有現實性的時刻，正是在這絕無僅有的時刻，我們的存在才是真實的。因此，我們應該永遠為此而感到開心，歡喜迎接它，並盡情享受每一時刻 —— 由於充分意識到它的價值而擺脫了痛苦和煩惱 —— 之快樂。假如我們對過去希望的落空愁眉不展和唉聲嘆氣，而對未來的前景憂心忡忡、惶恐不安，我們將無法做到這一點。

對陳年往事的懊惱以及對未來前景的憂心忡忡，拒斥當下的幸福時刻而妨礙你唾手可得的幸福，這都是愚蠢之至的行為。當然，人之一生難免有深謀遠慮和抱憾終生的時候。但是，往事一旦成為歷史，我們就應該告訴自己，逝者如斯，不管它讓你如何刻骨銘心，讓你如何撕心裂肺，你都要瀟灑地和它道聲再見 —— 必須克服心靈對過去所發生之事的悲傷，讓自己保持心情愉快。至於未來，我們無法掌控，因為它超乎人為，唯有上帝知道 —— 實際上這種事在上帝的掌握之中。至於現在，則讓我們牢記塞涅卡的忠告，愉快地度過每一天，因為我們的全部生命就在這每一天中：「讓我們盡可能愉快地迎接它，這是我們唯一真實的時刻。」

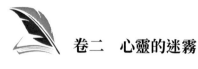
　　只有那些必定會在某個不確定的時刻降臨於我們的不幸才會對我們造成侵襲，然而，對於其中原因，能夠作出完美解釋的人又寥若晨星。事實上，不幸或災難有兩種類型：或者僅僅是一種可能，哪怕是極大的可能；或者是不可避免的。即使是那些不可避免的災難，其發生的具體時間也是不確定的。一個人如果總是處於一種精神高度緊張、時刻戒備的狀態，那麼他一生便永無寧靜之時。因此，如果我們不想因為對災難 —— 其中，有的本身就是不確定的，有的將在某個時刻發生 —— 的恐懼而放棄生活中的全部樂趣，我們就應該把它們看作絕無可能發生的災難，或者至少將它們看作不會很快發生的災難。

　　一個人心靈的寧靜越是不為恐懼所侵擾，就越有可能為欲望和期待所騷擾。這便是歌德那首詩 —— 它適合於一切人 —— 的真實含義：「我已拋棄一切。」一個人唯有當他拋棄一切虛偽自負並且求之於非文飾的、赤裸裸的存在時，才有可能讓自己的心靈真正達到寧靜，而這種心靈的寧靜正是人類幸福的根基。心靈的寧靜！那是任何片刻享樂的本質，並且，幸福通常都是稍縱即逝的，因此我們要抓緊當下的分秒片刻。我們應該不斷地記起：今日僅有一次且一去不返，絕不能虛度。凡夫俗子總以為明天會再來，但接踵而至的明天已是新的一天，並且它也是一去不復返的。人們常常忘記

每一天都是一個整體，是生命中不可替代的一個部分，而是習慣於將生命看作恰似一個觀念或名稱 —— 這些觀念或名稱是無法體驗的 —— 倘使如此，包容個體於自身之中的生命便會遭到破壞。

在你擁有幸福且充滿生機的美好日子裡，我們理應盡情地欣賞和享受幸福，即便在悲苦憂愁的時候，我們也應該回想那過去的寸寸光陰 —— 在我們的記憶裡，它們似乎遠離痛苦與哀傷 —— 是那樣的令人妒羨。往昔猶如失去的伊甸園，只有在此時，我們才能真切地體會到它們是我們的朋友。然而，我們每個人在享受幸福時，卻很少有人會珍惜它，只有當災難逼近我們時才渴望幸福的到來。眾多歡快和愉悅的時光都被我們消磨在毫無意義的事務之中，我們常常因種種不愉快的瑣事而錯過這些愉快的時刻，一旦不幸來臨，卻又為之徒然空嘆。那些當下 —— 即使它們絕不平凡 —— 往往被漫不經心地虛度，甚至被視若無睹地置之不理，而它們恰好又是我們應該引以為自豪的時刻。人們從未想到流逝的時光正不斷地使當下變為過去 —— 在那裡，記憶使之理想化並閃爍著永恆的光芒。後來，尤其是當我們身處困境之時，面紗才被揭去，而我們則為之抱憾終生。

心靈的寧靜是人類得以保證幸福的根基。一個人只有保持內心的寧靜，才有可能「閒看庭前花開花落，漫隨天外雲

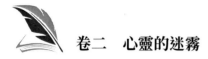

卷雲舒」，才不會因昨天的失敗而懊惱，不為無法掌控的未來而焦慮，才有可能踏踏實實過好當下的每一天。這是叔本華對我們的告誡。

卷三　愛與恨的苦惱

　　芸芸眾生們不是陷於窮困和煩惱，就是飽懷一腔
貪得無厭的欲望。雖然人們各盡其能以擺脫各式各樣
的煩惱，但除了使這個煩惱著的個體繼續存在下去
之外，不可能有其他辦法。然而，就在這亂哄哄毫無
意義的人生中，我們仍可以看見男男女女互送秋波、
暗傳私情。不過，你們可知道，他們的眼光為何總是
躲躲閃閃、羞羞答答？這就在於，他們使所有本來應
該結束的貧困和苦難又人為地遺傳了下去。他們仍將
繼續他們祖先的家傳，去揭開另一場人生的戲幕。

戀愛是導致失去自由的元凶

　　戀愛中的男人為什麼竟會因為心愛女性的秋波而眩惑，以致甘願完全放棄自己，不惜為她做任何犧牲呢？

　　這是因為女性身上有著特殊的魅力。人們對於某一個特定的女性都有著活潑熱烈的欲望——不，幾近瘋狂的欲望，就是證明。我們存在的核心是難以打破的，是永存於種族中的直接保證。如果認為本質的存續是芝麻小事而任意輕視，那就大錯特錯了。這種錯誤的產生，是因為人們這樣想：所謂種族的延續，雖和我們類似，但卻不是任何方面都與我們相同的，且生存於我們所未知的將來。這種想法，實際源於對外部的理解：只見其種族的外貌，而未考慮到內在本質。內在本質才是人類意識核心的根底，且比意識更具直接性，又是不受個體化原理拘束的物體，存在於各式各樣的個體中——不論並存或續存，其內在本質相同。這就是切實渴望生存和永續的求生意志，即使個體死亡，它仍得以保存。

　　話雖如此，但人類的生活狀態並不比現在好，因為生命本身就是不斷地煩惱和死亡。然而怎樣才能使個體從痛苦的世界解脫呢？只有否定意志：由意志的否定，使個體的意志脫離種族的枝幹。然而，其後將是什麼樣的情景呢？彼時的個體意志究竟是什麼樣的東西呢？這些問題只有任人解說

了，因為我們還找不出足以證明它的概念和事實。佛教把生存意志否定，稱為「涅槃」—— 指根絕人生各種欲望所達到的一種極樂的境界 —— 這也是人類的認知能力永遠不能達到的境地。

處於熙熙攘攘的現世，人們大都為煩惱、痛苦、貧窮所困擾，抑或充滿無窮盡的欲求。然而，在這紛亂的人生中，我們仍可看見情侶們悄悄交換互相思慕的眼光 —— 不過，他們的眼神為何總顯得那麼隱祕？這是因為他們原是叛徒，他們故意使所有即將結束的痛苦和辛勞繼續延續下去。他們仍沿襲著祖先的做法，又揭開了另一場人生的序幕。

戀愛的最終結局是步入婚姻的殿堂，完成傳宗接代的任務。由於生命的本質是不斷地苦惱與死亡，因而，當一個新生命誕生時，就意味著苦惱仍將延續下去。

性慾是一種最強烈的慾望

性在人類生活中扮演著極其重要的角色，它是人類一切行為的中心點，戴著各色各樣的面具到處出現。愛情是戰爭的起因，也是和平的目的；是嚴肅正經事的基礎，也是戲謔玩笑的目標；是智慧無盡的泉源，也是解答一切暗示的鑰匙 —— 男女間的互遞暗號、秋波傳情、窺視戀慕等。

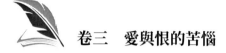

　　純潔的少男少女，常常沉湎於愛情的幻想：年輕人一旦與異性發生關係，便不時為性愛問題而煩惱。

　　戀愛，也因此而成為茶餘飯後的話題。其實，戀愛是一件人人都關心的而且也是非常嚴肅的事情，可為什麼戀愛中的人總要避開大家的耳目偷偷摸摸進行呢？有的人甚至裝出熟視無睹的樣子。這正展示出這個世界是多麼奇妙可笑。

　　話說回來，其實，性愛才是至高無上的，它以輕蔑的眼神駕馭著戀愛。當人們盡一切手段限制它、隱藏它，或者認為它是人生的副產物時，它便冷冷地嘲笑他們的徒勞無功。因為性慾是生存意志的核心，是一切欲望的焦點，因此我們將生殖器官命名為「意志的焦點」。

　　不僅如此，人類也可說是性慾的化身。同時兩性交合也是人類「欲望中的欲望」，並且，唯有藉此才得以與其他現象結合，使人類綿延永續。

　　誠然，求生意志的最初表現只是為維持個體而努力，但那不過是維護種族的一個階段而已，它對種族的熱忱、縝密深邃的思慮以及所持續的時間長度，均遠超過對個人生存所作的努力。所以說，性慾是求生意志最完整的表現和最明確的形態。

　　為方便大家理解，且以生物學方面的理論佐證。我們說過，性慾是一種最強烈的慾望，是欲望中的欲望，是一切欲

求的彙集。一個人如果獲得性慾的滿足 —— 針對特定的個體，就能讓人覺得自己擁有一切，彷彿置身於幸福的巔峰；反之，則感到一切都是失敗的。這些事情也可與生理得失相對照：客體化的意志中 —— 即人體的組織中，精液是一切液體的精髓，是分泌物中的分泌物，是一切化學反應的最後結果。同時，由此可理解：肉體不過是意志的客體化，即它是具體形式的意志。

「性慾是生存意志的核心，是一切欲望的焦點，是至高無上的。」叔本華如是說。因此，我們無須限制、隱藏它，而要坦然接受它。如此，你才可能擁有幸福。

並非所有的愛情都有完美的結局

戀人之間的愛意得以增加，不外是希望產生新個體的生存意志罷了。不但如此，在情侶們充滿愛慕的眼神相互交接的那一剎那，便已經開始燃燒著新生命的火焰，似乎是在告訴他們：這個新生命是個很調和並且結構良好的個體。為此，他們產生需要融合為一體而繼續共同生存的願望。這種願望在他們所生育的子女中得以實現，兩人遺傳性質融合為一，在子女身上繼續生存。反之，男女間如果難以激起情愫，甚或互相憎惡怨恨，便不太可能結為夫妻，即便因為某

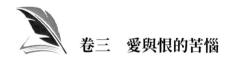

些緣故使相互憎惡的兩人同住在一起，那麼他們生育的後代，其內在體質亦必是不健全、不調和的。

至於新生命開端如何？其生命怎樣？那就要看他父母在相愛的瞬間是何種情況而定了。一如世人所常說的，男女以憧憬的眼神互相交會的那一瞬間，新個體便已萌芽。當然，這時的幼芽就像一般植物的新芽，脆弱而容易夭折。這個新個體即所謂的新理念—— 一切理念都是非常貪婪激烈的—— 攝取分配給他們的養分，努力登上現象界。同樣的，人類個性的特殊理念，也以最大的貪欲和最激烈的態度，以便在現象界中能實現他的目標。這種貪欲的激烈程度，取決於戀人之間的熱情。男女間的愛情可區分為眾多等級，我們不妨把它的兩極稱為「平凡的愛情」及「**轟轟**烈烈的愛情」。從本質上來看，它是相同的，無所謂等級的差別，只是如果愛情愈趨向於個人化—— 換言之，被愛者的一切條件和性質愈能適應或滿足愛者的願望要求—— 則愈能增加力量。那麼，問題的關鍵在哪裡呢？

接下來，我們繼續深入探討。不用質疑，吸引異性的首要條件是健康、力和美，也就是說戀愛的本錢是青春。

當一對男女經過一段時間的交往，彼此情投意合的時候，感情才會逐漸升溫。但只有兩個個體都覺得非常適合的時候，才能產生最強烈的愛情。這時，父親的意志和母親的

智慧合二為一，新個體即告成功。表現於全種族的普遍生存意志，因為這一個體能夠對應意志的強大力量，因而產生一種新的憧憬：這種憧憬的動機超越個人的智慧範圍。它就是真正偉大的愛情之魂。

人在戀愛之初，往往呈現滑稽的或悲劇的現象，那是因為當事者已被種族之靈所占領、所支配，因而改變了他的真實樣貌，所以他的行動和個性完全不一致。戀愛達到更深層的階段後，他的思想不但開始詩化且帶著崇高的色彩，而且也具有超自然的傾向，因此，看起來完全脫離了人類本來的、形而下的目的。原因何在？那是因為戀愛中人受種族之靈的鼓舞，它所擔負的使命遠較單一事件重大，且受種族的特別依託，指定他成為「父親」，他的伴侶成為「母親」，具備他們兩者的特質，才可能構成延續子孫的基礎。而且，此時儘管客觀化的生存意志明顯地要求他們製造子孫，但戀愛雙方不會輕意應允。懷著這種超純感情的戀人，他們的心靈已超越凡俗，飛揚於比自己更高的空中。所以，在原本是形而下的欲望中，也罩上莊嚴的色彩。為此，即便一個一生生活最平淡的人，他的戀愛也是很富詩意的插曲。這種情形下的戀愛故事多半為喜劇。種族中的客觀化意志所擔任的使命乃是為墮入情網中的男人的意識蒙上預想的面具 —— 若和她結合，必可獲得無限幸福的感受。

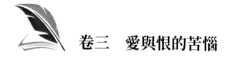

卷三 愛與恨的苦惱

　　當戀情達到最高度時，這種幻想迸發出燦爛的光輝，如果不能與愛侶結合，即頓感人生空虛乏味，連生命也喪失所有的魅力了。此時他對人生的嫌惡已戰勝了對死亡的恐懼，為此甚至自尋了斷以求解脫。這類人的意志，多數是被捲入種族意志的漩渦中。所以，他們如果不能發揮種族意志，也必然拒絕在個人意志下苟活。但此時的個體用以作為種族意志的無限憧憬的容器，實在太脆弱了。為挽救此人的性命，將會促使他瘋狂。如果瘋狂的面紗仍無法壓抑那絕望狀態的意識，那他只能以自殺或殉情告終。

　　話說回來，並非戀愛的情熱不能得到滿足，才導致悲劇。「圓滿」的戀愛，收場不幸的恐怕比幸福的還多。這是因為愛情的需求與當事者的周遭環境不但不能一致，而且還破壞了他的生活計畫，以致嚴重地損傷了他的個人利益。戀愛不但會與外界環境相衝突，連和戀愛者自身的個性也相矛盾。因為撇開性的關係來觀察你的戀愛對象，也許那還是你本來所憎厭、輕蔑或嫌惡的異性。但由於種族意志遠較個體意志強烈，使戀愛中人對於自己原來所討厭的種種特徵都熟視無睹，或者給予錯誤的解釋，只企求與對方永遠結合。

　　戀愛就是如此的使人盲目。但種族的意志在達成任務之後，這種迷妄便立刻消失，而遺棄了可厭的包袱（妻子）。生活中，我們時常可以看到一個非常理智又優秀的男人，卻

和嘮叨的女人或悍婦結為夫妻。我們常感覺奇怪：「為什麼這些男人竟會作這樣的選擇？」上述的說明足可以讓大家找到滿意的答案。因此，古人常說：「愛神」是盲目的。不但如此，墮入情網的男人雖明知意中人的氣質或性格都有使他難以忍耐的缺點，甚至會給他帶來痛苦與不幸，卻仍一意孤行。

事實上男人所追求的並非是自己的事情，而是第三者——將來的新生命。然而，由於受幻想的包圍，他們卻以為對方正是自己所追求的目的。這種不追求個人私利的行為，無論如何總是一種很偉大的態度，所以，愛情也具備莎士比亞崇高的旨趣，並且常成為文學謳歌的主題。

關於性愛，柏拉圖將之比擬成狼對羊的戀愛。這種狀態完全是一廂情願的，儘管男方愛得如醉如痴，盡心盡力懇求，女方卻充耳不聞、視而不見。這就產生了所說的「愛她又恨她」的情形。

這種愛恨交織的心理，有時會造成殺人繼而自殺的慘案，每年都可從報紙發現幾起這種實例。歌德說得好：「被拒之戀，如置身地獄之火中，我真想知道是否還有比這更令人憤怒和詛咒的事情？」（《浮士德》中，魔鬼梅菲斯托費勒斯所說的話。）

戀愛時，對戀人冷漠，甚至以使對方痛苦為樂，我們將

它稱為「殘忍」，其實並不過分。同時，這也是戀愛中常有的事。因為，戀愛中人當時已被類似昆蟲本能的衝動所支配，毫不理會周遭的事物，只知一味地追求自己的目的，始終不鬆懈、不放棄。

自古迄今，因戀愛的衝動未得滿足，像腳上拖著沉重的腳鐐在人生旅途上踽踽獨行，在寂寥的森林中長吁短嘆的，絕不止弗朗切斯科・佩脫拉克（Francesco Petrarca）一人，只是在煩惱的同時又具備詩人素養的，只有佩脫拉克一人而已。歌德的美妙詩句「人為煩惱而沉默時，神便賜予他表達的力量」正是佩脫拉克的寫照。

實際上，種族的守護神和個人的守護神，無時無刻不在破壞個人的幸福、全體的幸福。為什麼會發生這樣的事情呢？只因為人類本質是種族，它具有比個人優先存在和優先活動的權利。我們的祖先很早就懂得其中道理，所以借邱比特的外形來表現種族的守護神。邱比特的容貌天真得像兒童，卻是殘酷而充滿惡意的惡神，也是專制、反覆無常的「鬼神」，同時又是諸神和人類的主人。

希臘俗諺說得好：「愛神啊！你是統治諸神和人類的暴君！」

盲目、背負翅膀、帶著殺人的弓箭，這是邱比特的特徵。翅膀象徵戀愛的善變無常，但這裡的「無常」，通常只

有在欲望滿足後引起幻滅感覺的同時才表現出來。

戀愛是以一種迷妄為基礎，使人誤以為本來只對種族有價值的事也有利於個人。但這種幻想在種族的目的達成後，隨即消失無蹤。個體一旦被種族之靈遺棄後，回復到原來的受諸多限制貧弱的狀態，才知道費了偌大力氣，除了性的滿足外，竟無任何收穫！而且，和預期相反的個體並不比從前幸福。於是對此不免感到驚愕，並且了悟原來這一切是受了種族意志的欺騙。如果佩脫拉克的熱情曾得到滿足，他的詩歌也該像產卵後的母鳥一樣，聲音戛然而止、沉寂無聲了。

並非所有的愛情都有完美的結局，有多少愛情在轟轟烈烈中開始，在悄無聲息或是體無完膚中結束。更有甚者，因為愛情，最終選擇了極端的方式，成為愛情的叛徒、終止幸福的惡魔。

欲望得到滿足，苦難得以延續

一個人如果被利己之心所俘虜，往往只了解少數或和自己有關的事物，同時，將所有新奇的事物都當作是欲望的動機。反之，一個人如果理解整體的物象及其本質，就可以限制一切欲望，開拓一條途徑，擺脫意志的約束，進而達到以自由意志為基礎的理念、達觀和完全無意志的境地。當然，

有些人或許因為曾遭遇過深刻的苦惱，或許曾接觸過他人的痛苦，而感覺到生存的無意義和痛苦，此時他們也許希望永久而徹底地斷絕一切欲望，折斷欲望的根源，封閉流入痛苦的門扉，使自己純化淨化。然而他們卻很難避免受偶然和迷妄的誘惑，諸種動機致使意志重新活動。所以，他們永遠無法解脫，即便他們生存在痛苦之中。但偶然和迷妄時時會讓你覺得現狀並非理想的，享樂和幸福正向你招手，於是你再度墮入它的圈套中，被重新戴上手銬腳鐐。

這個世界到處都是涼爽的場地，但我們卻棲息在必須不停地跳躍疾走的由灼熱的煤炭所圈成的圓周線上。被迷妄所惑的人，只要發現眼前或立足之處有丁點涼爽的地方，便可得到慰藉，繼續沿著圓周跑下去。但洞察個體化原理，能理解物體本質的人並不會因此而感到滿意，他一眼便看穿整體的形勢，因而迅速離開圓周線上，擺脫意志，並否定反映於本身現象中的存在。其最明顯的表現就是從修養品德轉移至禁欲，即他已不能滿足於「愛別人如愛自己」的仁心，而是對於求生意志的現象以及充滿苦惱的世界本質產生嫌惡。具體而言，他已停止對物質的需求，時刻警惕遂不使意志執著於某種事物，在心中建立對任何事均漠不關心的態度。例如一個健壯的人，必然透過肉體的生殖器表現性慾。但洞察個體化原理的人則已否定了意志，他譴責自己的肉體，因此不

論任何情況下都不追求性慾的滿足。這是禁欲的第一個步驟。禁欲藉此而超越個人的生存，進而否認意志的肯定，他的意志現象遂不再出現，連最微弱的獸性也都消失。這正如完全沒有光線的話，亦無明暗之境一般，隨著意識的完全消滅，世界也化為虛無，都是因為「既無主觀，當無客觀」之理。

《吠陀經》中有一段文字這樣寫道：「正如飢餓的孩子們擁向母親的懷抱一般，世上的一切存在皆為等待聖者的出現而作犧牲。」這裡的犧牲，即一般所謂的斷念。斯一首題名〈把一切獻給神〉的小詩，也表示這種思想。詩云：

> 人啊！世上的一切都愛著你，
> 你的周圍人山人海。
> 一切，迎向你奔去。
> 俾能接近神。

艾克哈特‧馮‧霍赫海姆（Eckhart von Hochheim）在他的著作中也作了類似的闡述，他說：「耶穌說，『當我飛升離開地面時，將吸引萬人前來歸我。』耶穌與我俱可確證它的真實性。故說，善良的人可把一切東西的原始樣貌帶到神的身邊。一個物質對於另一對象必有它的用途，例如草之於牛、水之於魚、天空之於鳥、森林之於動物，皆各有其用。由此可見，所有被造之物都是為人類而造的，進而可說，被造物

是為善良的人而創造，他將把其他被造物帶到神的身邊。」艾克哈特言下之意是說，即使動物亦可得救。同時，這一段話也可為《聖經》較難解的地方（《羅馬書》）作注解。

　　佛教也是如此。例如尚未成為菩薩前的釋迦牟尼，在動身離開父王的城堡向荒野出發前，他跨上馬鞍，對著馬說：「你本生於斯，長於斯，將來亦可能死於斯。但我現在必須停止你載物拖車的工作，請你馱我離開此地。當我獲得正法時（成為佛陀時），絕不忘記你的大功。」

　　一個人雖能達到禁欲的境界，但他畢竟具備精力充沛的肉體。既然有具體化的意志現象，就難免經常感到有被牽引進某種欲望的蠢動。因此，為避免讓欲望得到滿足，再度煽動意志，挑起自我意識的嫌惡和抗拒，他就得虐待意志，使禁欲不屬偶然發生的事，其本身即為一種目的。此時，他對自己想做的事絕不去沾手；反之，對於非己所願之事——即使除虐待意志外實際毫無目的的事，也強迫自己去完成，如此，從意識壓抑自己的欲望，進而為了否定本身現象的意志，縱使別人否定他的意志——即加諸於他的不正當舉動，也不加抵抗。他歡迎外界一切偶然或惡意降臨到他身上的痛苦，他甚至欣然承受一切侮辱、羞辱或危害，且把這些視為絕佳的磨礪機會。他由這些痛苦和恥辱，而培養成忍人所不能忍的耐心和柔和的態度，從此情慾的火焰不再在體內

燃燒，怒火也無法點燃，他完全以不修飾外表的善來消滅惡。進一步又以同樣的手法虐待意志客觀化的肉體，因為肉體是意志表現的一面鏡子，通常身體健壯必會促使意志產生新活動，使它更強化，所以他們不供給身體太多的營養，只借不斷地痛苦和缺乏逐漸挫其銳氣，甚至以絕食和苦行的方法使意志趨於滅亡。他們很了解意志是使自己和世界痛苦的根源，因而對它憎惡，最後終於消除意志現象，不久死亡亦隨之來臨。因為他們原已否定了自身，要除身體的殘留物，並非難事，所以禁欲者完全歡迎並欣然接受死亡的降臨。但與一般人有所不同的是，不僅他們的存在與死亡同時告終，其本質亦告消除。這種本質透過具體表象好不容易才得以持續存在，最後終於脫離那脆弱的連擊，與死者同時消失於世上。

　　欲望愈強烈的人，他所感到的痛苦也就愈深。因為欲望經常啃噬他，使他的心靈充滿苦惱。如此積久成習，一旦欲望的對象全部消失，他幾乎便會以看別人的痛苦為樂了。反之，一個徹底否定求生意志的人，從外表看起來，他的確是貧窮、一無所有、既無歡樂也無生趣的人，但心靈則是一片清澄，充滿寧靜和喜悅。他們不會被不安的生存衝動或歡天喜地的事情所驅策，因為這些都是強烈痛苦的先導。他們不貪圖生之快樂，因為喜悅過後往往是苦惱。他們所達到的這

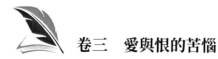

種心靈真正的明朗及平靜，絕不會被任何人所干擾。對於這種境界，我們內心的善良精神將立刻可以發現那是比一切成就更卓越的東西，而毅然叫出：「勇敢地邁向賢者吧！」當我們親眼看到或腦中浮現這種境界時，必會油然而生無限的憧憬，並進一步使我們深切感到，浮世欲望的滿足正如拋給乞丐的施捨，維持他活過今天，卻也延長他的苦難到明日。反之，禁欲則永遠不必為這些事情憂慮。

　　肉體既是意志的客體化形式，同時也是具象化的意志。因此只要肉體生存著，求生意志便會存在，時時燃起熊熊的烈火，努力地在現實中顯露它的姿態。因為世人不可能獲得永恆的平靜，所以要達到平靜愉悅的生活境界，就必須不斷地與求生意志對抗，這是不言而喻的。因此，一本描寫聖人內在生活的歷史，也就是他們心靈掙扎和獲得恩寵的過程史。這裡所指的恩寵，即指使一切衝動失其效力，而被賦予深刻安寧，以打開通向自由之門的方法。我們可以看出，一旦達到否定意志的人，他必須傾其全力保持這種成果，以各種方式削弱經常蠢蠢欲動的意志力，或寄託於禁欲，或為贖罪而生活，甚而刻意追求不愉快的事情。他們深知解脫的價值，所以時時刻刻警醒以保持這一份來之不易的寧靜。因此，最後連這人類欲望中活動最激烈、最難以消滅也是最愚蠢的欲求——虛榮心也隨之消失。我們可以說，狹義的禁

欲，就是為虐待意志而不斷地尋求不愉快的事情，為折磨自己而拒絕快樂，甘願過著贖罪的生活，也就是故意地破壞意志。

除為保持否定意志的成果而實行禁欲之外，另有一條途徑也可達到意志的否定，那就是默認命運所決定的痛苦。有時候是因為接近死亡所以進入了完全斷念的境地。大多數人都循著這種途徑達到意志的否定，因為畢竟只有少數人才能洞察個體化原理。這些人只要透過同理心，即可學會對任何人均懷有愛心，把世界的痛苦當作自己的痛苦，從而達到意志的否定。

然而，有的人雖然已接近這種境界，但大都處於生活舒適的狀態，此時，如果受到別人的讚揚，一時興起，又會懷著某種希望企圖求得意志的滿足。一言以蔽之，快樂經常成為意志否定的障礙，再度誘惑他走向意志的肯定。所以說，一切誘惑都是惡魔的化身。所以，一般人在自己沒有經歷無比的痛苦之前，在意志未否定自己之前，必須先破壞意志，漸進經過各種痛苦的階段。在激烈抗爭之餘，在瀕臨絕望之際條然返回自我的人，即可認清自己和世界，進而改變自己的所有本質，超越自身和一切的痛苦，進入無比崇高、平靜、幸福的境域。他可以欣然拋棄過去以最大熱情去追求的東西，也可以安詳地接受死亡。這種境界，是從痛苦的火

焰突然爆出意志否定的銀花，此即謂之解脫。即使一個稟性惡劣的人，有時也可從某種慘酷的教訓而臻於這種淨化的境地。他們就像突然間改頭換面一般，完全變成另外一個人。因而，他對於從前自己所犯的種種惡行，也不會使良心陷於不安，卻樂意以死來贖回過去的罪孽，因為此時他們已把意志現象視為面目可憎的東西，而以欣慰的眼光看待它的末日。

　　一個人不僅可以從自由意志的探求而理解世界的痛苦，也可以因自己切身的過度痛苦經驗，而獲得解脫。

人類是欲望和需求的化身

　　人類是欲望和需求的化身，是無數欲求的凝聚。人類就這樣帶著這些欲求，在窮困匱乏以及不安的情形下生存在這個世界上。所以，人生通常是充滿憂慮的。同時，為避免來自四面八方威脅人類生存的各種危險，我們還必須不時留神戒備，謹慎地踏出每一步。從野蠻時代到現在的文明生活，人類皆是踏著這樣的步伐而來。人，從來沒有安全的時刻。

　　路克雷特這樣說：「啊！生存多麼黑暗，多麼危險，人生就這樣經歷其中，只要保住生命。」

　　是的，大多數人都在為生存而不斷奮鬥，但最後仍注定會喪失生命。促使他們投入這場戰役的，與其說是對生命的熱愛，不如說是對死亡的恐懼。死亡如影隨形般逼近他們。

人類是欲望和需求的化身

　　人生有如充滿暗礁和漩渦的大海。人類小心翼翼地航行於大海中，卻不知正在一步步地接近遇難失事的時刻和地點。他們的船仍然朝暗礁和漩渦駛去。那是人生航程的最後目標，是無可避免也無可挽救的整體性破滅 —— 死亡。對任何人而言，它比先前所迴避的一切暗礁和漩渦都更為險惡。

　　綜觀人生的一切行為，雖是為從死亡的隙縫逃脫，但苦惱和痛苦仍是很容易增大的。為此，也有人渴望一死，以自殺方式讓死亡早些來臨。如果窮困和苦惱被克服，倦怠也將立刻隨之而來。如此，人類勢必又要排遣煩悶了。

　　人的生存離不開食物和娛樂。倦怠如同飢餓，常有使人趨於放縱不檢之虞，且成為災禍的對象。費拉德弗監獄即以「倦怠」作為懲罰重犯的一種手段，讓囚犯處於孤獨和無為中。結果有許多人不堪寂寞最終選擇了自殺，以終其一生。正如貧窮是人們苦惱的起因一樣，厭倦是上流社會的禍害。而在中等階級，星期日則代表厭倦，其他六天代表著窮困。

　　我們所謂的人生，其實就是在欲望和的滿足之間的不斷流轉。就願望的性質而言，它是痛苦的，成就則會令人立刻生膩。目標不外是幻影，當你擁有時，它即失去魅力。願望和需求必須再重新以更新的姿態出現。沒有這些輪替，則人便會產生空虛、厭倦、乏味無聊。這種掙扎，也和與貧窮對抗同樣痛苦。

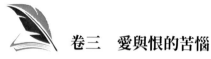
　　如果願望和滿足能相繼產生，其間的間隔又恰到好處的話，苦惱就會最少，也就能達到所謂幸福的生活。反之，如果我們能夠完全擺脫它們，而立於漠不關心的旁觀者地位，就是通常所稱的美好的人生、最純粹的歡悅了。如美的享受、對於藝術真正的喜悅等皆屬之，但這些都必須具備特殊的才能。唯因他們的智慧特別卓越，對於苦惱的感受自然遠較一般人敏銳，個性與常人截然相異，所以他們必然難逃孤獨的命運。身為天才的人，實是利害參半。一般人則只生存於欲望中，無法享受到純粹智慧的樂趣，無法感受純粹理解所具有的喜悅。若要以某種事物喚起他們的同理心，或引發他們的興趣，非先刺激他們的意志不可。這種情形常表現在日常的瑣細事情中。例如有人在遊覽名勝古跡時，總樂於刻下名字以資紀念；又如，有人在參觀珍奇的動物時，還要想盡方法去觸怒、逗弄、戲耍牠們，這也是為了求得刺激而已。刺激意志的需求，更表現在賭博遊戲的推陳出新上，凡此種種都能見到人類本性的膚淺。

　　然而，不管自然如何安排，不論幸運是否曾降臨到你身上，不管你是王侯將相或販夫走卒，不管你曾擁有什麼，痛苦仍是無法避免的。古神話中尚且記述：「佩琉斯之子仰天而悲嘆，『我是宙斯之子、克洛諾斯（Cronus）之子，卻要忍耐莫可言狀的苦惱。』」

人類是欲望和需求的化身

人們雖然為驅散苦惱而不斷地努力著，但苦惱不過是換了另一副姿態繼續存在而已。人們的這種努力不過是為了維持原本缺乏、窮困的生命的一種顧慮。要消除一種痛苦十分困難，即便能夠僥倖獲得成功，痛苦也會立刻以數千種其他姿態呈現，其因年齡、事態之不同而有所不同，如性慾、愛情、嫉妒、憎恨、抱怨、野心、貪婪、病痛等比比皆是。這些痛苦若無法轉化成其他姿態呈現的話，就會穿上令人厭膩、倦怠的灰色外衣，屆時為了擺脫它，勢必要花費更多精力，而縱使倦怠得以驅除，痛苦恐怕也將恢復原來的姿態再度開始活躍。總之，所謂人生就是任憑造物者在痛苦和倦怠之間拋擲。但我們不必為了這種人生觀而感到氣餒，它也有慰藉人心的一面，從這裡也許可以使人提升到像斯多葛派一般對自己現在的苦惱漠不關心的境界。但是，人們往往把苦惱當作偶然的因果現象。於是，對某些必然的普遍性災禍——衰老、死亡或日常生活的不順等——人們便往往不覺得悲傷，反而能對它持以嘲弄的態度。但痛苦原是人生中固有的、不可避免的東西，而其表現的姿態和形式皆被偶然所左右，所以，若移去現在的苦惱，從前被拒在外的其他苦惱就會乘虛而入。因此，從本質上來說，命運對我們並不發生任何影響。一個人如果能有這樣的醒悟，他的內心就會恬淡平靜，不會再時刻惦記本身的幸福了。然而，事實上究竟

有幾個人能夠以這種理智力量來支配自己直接感受到的苦惱呢？或許完全沒有。

　　由此可見，痛苦根本是無法避免的，而且是新舊交替產生的。所以，即使苦惱的形式經常更迭，痛苦的分量也從不會有過剩與不足的現象。因為，決定一個人苦惱和幸福的因素，絕非來自外界，而是來自內在。這些縱然由於身體的狀態，因時間的不同，而有幾分增減，但就整體來說並無改變。

　　一個人若是有巨大的苦惱，則對比它小的苦惱就可以毫不在意，不用放在心上了。這就如同你身上有一道三公分的傷口正在流血，你就會忘掉螞蟻咬你時的疼痛感。反之，如果你的全身都是好的，哪怕只是一些微不足道的小傷也會讓你痛苦不堪。所以，經驗告訴我們，一種想像起來足以令人不寒而慄的大不幸，一旦降臨於實際生活中，從發生以至克服它的期間，我們的全體氣氛並未有任何改變。反之，獲得長期所急切等待的幸福後，也不會感到有什麼特別的愉快欣慰。一種深刻的悲傷或強烈扣人心弦的興奮，只會來自剛產生變化的那一瞬間。但這兩者皆以幻想為基礎，所以不久後也將告消失。總之，產生悲哀或歡喜的原因，並非直接為了現存的快樂和痛苦，而是由於我們是在開拓我們的未來。痛苦或歡喜不是永恆的東西。

人類是欲望和需求的化身

　　苦惱和幸福與理解力相同，是主觀的、先天所決定的。財富並不一定能增加人的快樂，窮人露出愉快神色的機會並不比富人少。由此可知，人類的快樂、憂傷與否，絕非由財產或地位等外在的事物而決定。當然，我們也不能斷言：某人遭遇到佶大的不幸，恐怕會鬧自殺吧！或者，這是芝麻小事，大概不致造成自殺吧！話說回來，一個人快樂和憂傷的程度，並不是任何時刻都相同的。這種變化，也應歸之於內在身體狀態的變化。我們往往只看到自己的痛苦是源於某種外在關係，因而感到意氣消沉，以致認為如能消除它，必可獲得最大的滿足。其實這是妄想。假設我們的痛苦和幸福是相對的，任何時刻都由主觀所決定，憂鬱的外在動機和它的關係正如分布全身的毒瘤、膿瘡與身體的關係一樣，因為它已在我們的本質扎根。驅逐不去的痛苦，一旦缺乏某種苦惱的外在原因，就會分散成數百個小點，以數百個細碎煩瑣或憂慮的姿態呈現出來。但當時我們一點也感覺不出來，因為我們的痛苦容量已經被「集分散的煩惱於一點」的主要災禍填滿了。如此，一件重大而焦急的憂慮剛從胸中移去，另一個苦惱就立刻接替它的位置，全部痛苦的原料早已準備在那裡。所以尚未進入意識之中成為憂慮，是因為那裡還沒有餘地容納它們，而暫時成為假寐的狀態，停留在意識界限的末端。然而，現在場所已敞開，這已準備妥當的原料就會乘虛

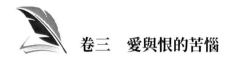

而入，占據那憂愁寶座。雖然實質上它比先前消失的憂慮要輕得多，但它卻可以無限膨脹。

　　過度的歡喜和激烈的痛苦，經常會在同一個人身上發生，因為這兩者互為條件，都以極其活潑的精神為前提。正如上所述，此二者非由真實的現存物所產生，而是對未來的預想；又因痛苦是生命所固有，其強烈程度依照主觀性質決定，所以，某種突然的變化並不能改變它的程度。因此，一種激烈情緒的發生實是以錯覺或妄想為基礎，而精神的過度緊張，則可由理解力加以避免。但「妄想」，一般人並無法察覺，它悄悄地、源源不絕地製造使人苦惱的新願望或新憂慮，使人冀求獲得永久性的滿足，但不久便會枯萎乾涸。因而從妄想所產生的愉悅愈多，當它消失時，所反饋的痛苦也就愈深。就這一點來說，妄想猶如斷崖絕壁。妄想的消失帶來的突如其來的過度痛苦，正如在峭壁上失足陡然墜落下去一般。因此，如果一個人能戰勝自己，能夠很清楚地看透事物的整體性以及與它相關聯的一切，就不會在實際事物中賦予欲望以希望的色彩，如此即可迴避痛苦。斯多葛派的道德觀，即從這種妄想和結果中掙脫了出來，而代之以堅實的平靜為其主要目的。賀拉斯的名著《頌歌集》對這一點頗有見地。他說：「遇困境應該保持沉著；在順境中，宜留心壓抑過度的歡喜。」

苦惱就像流不盡的苦汁，它的泉源在我們心底，而不是外界。但一般人對它通常都閉起眼睛來。非但如此，還藉口到外界尋找痛苦的原因，使痛苦永遠與你形影不離。那正如一個原本自由自在的人，卻無端地去塑造一個偶像。總之，我們孜孜不倦地去追求一個接一個的願望，即使獲得滿足，也不會就此滿意，大抵在不久後又將發現那是一種錯誤而有受辱的感覺。

路克雷特說：「我們所希求的東西在未得手之前，總以為比什麼都好，到手之後，又不免大失所望，我們是為需求生命而喘息掙扎，永遠成為希望的俘虜。」

這種現象將繼續到什麼時候？或者說怎樣才能走到既無法滿足又無法勘破的願望盡頭？我們不難發現所搜尋的是什麼，苦惱的又是什麼了。現在，我們既已理解苦惱是生存的本質，人類無法獲得真正的滿足，如此儘管我們和自己的命運尚不能取得調和，但我們卻可與生命求得妥協。如此開展的結果，也許將使某些人帶著幾分憂鬱氣質，經常懷著一個大的痛苦，但對其他小苦惱、小欣喜則可生出蔑視之心。這種人比之那些不斷追求新幻影的普通人要高尚得多。個人的一生又是如何呢？我們可以說，所有的傳記都是一部「苦惱史」，是大小災難的連續紀錄，一般人之所以會盡可能隱藏它，是因為自己得以免除那些痛苦。

一個有思想，且為人正直的人，當他瀕臨人生終點的時候，寧願選擇完全的虛無，也不願意再度回世。莎翁名劇《哈姆雷特》以主角獨白說明他徹悟人世的悲慘狀態，而斷然以為「完全的虛無」更值得歡迎。如果自殺確實可以獲得這種虛無的話，當一個人面臨要不要活下去的抉擇時，自殺豈不成為他的最大期望而毫無條件地選擇？其實死亡並非絕對性的毀滅。

　　連有「歷史之父」之稱的希羅多德也說：「世上沒有一再希望不要活下去的人。」2,000 多年來未見有人予以駁斥，可見這句話實在有它的真理性。所以，雖然我們經常感嘆人生的短促，但短促或許正是一種幸運！

　　假如我們將一個人生命中所遭遇到的痛苦與不幸統統擺在他的眼前，他必定會大吃一驚、不寒而慄；假如我們帶那些最頑固的樂觀主義者到醫院、療養院、外科手術室去參觀，再帶他們到牢獄、拷問室、奴隸窩去，或者陪他們到戰場和刑場走一趟，最後，再請他們參觀烏格林諾的死牢，那麼，他們必定能了解「可能有的世界之最佳者」到底是何物了。但丁（Dante Alighieri）所描寫的地獄，其資料如果不是取自現實世界，又能來自何處？而且，那也正是真正地獄的模樣。反之，當他著筆描寫天堂境況和它的快樂時，他便遭遇到難題。因為我們的世界，對於這方面完全不能提供任何

資料，因此，他只有再三重複他的祖先或比特麗絲及許多聖賢的教訓來取代天國的快樂。因此，可使我們充分了解這個世界是何物了。當然，表面的人生，有如粗糙的貨品塗上彩飾一般，通常苦惱都被隱藏著；反之，手中若有什麼引人側目的華麗物品，任何人都會拿出來賣弄一番。人愈是缺乏滿足感，愈希望別人認為他是幸福的人。一個人要把他人的所思所想當作努力的主要目的，這是十分愚蠢的。

人生的煩惱縱是如此的掩人耳目，有時候卻也無比明晰，然而又是那麼令人絕望。煩惱者有時很清楚地預見命運的捉弄，卻連逃避的場所都沒有，只能受其慢慢宰割。因為操縱他的是命運，即使向神靈求救也無濟於事。而這正好反映出意志的難以克服的性質；其意志的客觀化，就是他的人格。

正如外在力量無法改變也不能去除意志一樣，任何力量也不能從意志現象（生命）所產生的苦惱中解放意志。人們經常想在自然界中或是在任何事情中恢復自我；人們造出諸神，祈求、諂媚神靈，想獲得唯有借自己的意志力量才能成就的東西，但都於事無補。《舊約聖經》告訴我們說，世界和人類是一個神所創造；但《新約聖經》又告訴我們，想從這個悲慘世界解脫，只能靠這個世界所產生的事情。為此，神也不得不以人類的姿態出現。左右人類一切的，通常都是

人的意志。所有的信仰、所有名目的殉教者，以及先賢聖哲
們，所以能夠忍耐或甘於嘗受任何苦難，是因為他們的求生
意志已告斷絕，對他們而言，那時的意志現象，甚至已逐漸
喜歡破滅之途了。

　　總之，樂觀主義者的空談不但不切合實際，而且是卑劣
的見解，他們的樂觀無異於對人類難以名狀的苦惱作譏刺的
嘲弄。

　　人生本質上是苦惱。人之所以努力奮鬥，目的是為了改
變這種苦惱，試圖追求所謂的幸福。這種行為是不切合實際
的，是一種愚蠢的行為，這種盲目的樂觀正如叔本華所說，
是對人類難以名狀的苦惱作譏刺的嘲弄，是於事無補的。

卷四　生與死的糾纏

　　生命，對於任何人來說都沒什麼特別值得珍惜
的，我們所以那樣畏懼死亡，並不是由於生命的終
結，而是因為有機體的破滅。因為，實際上有機體就
是以身體作為意志的表現，但我們只有在病痛和衰老
的災禍中才能感覺到這種破滅。反之，對主觀而言，
死亡僅是腦髓停止活動、意識消失的一□那間而已，
隨之而來的所有波及有機體諸器官停止活動的情形，
其實不過是死後附帶發生的現象。

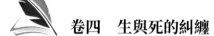

不同階段的人生各不相同

伏爾泰曾有一句話說得再漂亮不過:「不具有他的時代之精神,將會經歷他的時代的所有不幸。」

綜觀我們的整個生命,我們所擁有的唯有現在,除此之外,再無他物。比較特殊的是,在人生剛開始的時候,我們眼前總是展現出一片宏偉的未來;而到人生結束之時,我們所看到的則是漫長的過去。在人的一生中,有一點是確信無疑的,那就是我們的氣質經歷了相當大的嬗變,而在此變化中,現在總是呈現出不同的色調。

在童年,我們更多地是認知的存在,而不是意志的存在。其原因在於,我們在童年時總是很容易想入非非,欲望也非常有限,因而最不易被意志所撩動。如此,我們真實本性的絕大部分都被認知所占據。我們的智慧雖然還未成熟,但與要到 7 歲左右才定型的大腦一樣,其發展是相當早的。它在所生存的整個世界中不倦地尋求滋補,而這個世界那時還年輕、新鮮,萬物皆放射出天真爛漫的氣息,我們的童年歲月宛如一首無盡延伸的詩歌。

在童年,我們沒有任何目的,卻悄悄地關注著生活本身之根本性展露的事件和場景,觀照著生活的基本形態和形式。我們就像巴魯赫·史賓諾沙(Baruch de Spinoza)所說

的那樣，「以永恆的神聖視野」去看物、看人。我們越是年輕，就越會發現特定事物中表現出的整體類型和家族。隨著年齡的增加，這一點日趨衰微。這也就是事物在我們年輕時給我們的印象，與我們老年時獲得的印象出現如此天壤之別的原因。

一個人世界觀的深淺，是在童年時代開始確立的。這種世界觀隨著人的成長可能會更加精緻、更加完善，但要改變是不可能的。

在小孩子的眼裡，我們總是能看到嚴肅的沉冥的神光，這一點，拉斐爾曾得心應手地運用他的繪畫技巧，將其表現在〈西斯廷聖母〉這幅畫的小天使身上。正是因為童年的我們沒有任何目的，所以童年的時光總是那麼美妙，以至於每當追憶起來的時候，我們眼裡總會相伴著一種渴念之情。

一個人的價值，無論是在道德方面，還是在智慧方面，都不是從外部得來的，而是出於我們深藏著的自我本性。約翰・海因里希・裴斯泰洛齊（Johann Heinrich Pestalozzi）的教育學不可能將一個天生的笨小孩教育成一個偉大的思想家，絕對不可能！由此看來，掌握對外部世界的直觀感受，還可以解釋為什麼童年的環境和經歷會對我們的記憶產生如此深刻的印象。所以，我們完全沉浸在周遭的環境裡，沒有任何東西能分散我們的心神；我們將眼前的一切彷彿都看成是這

類事物的唯一代表，甚至是唯一存在的東西。後來，當我們逐漸理解到原來有許多現象皆存在同類事實後，就失去了童年的勇氣和耐心。所以說，所有事物的客觀存在都是令人歡愉的，而其主觀存在卻是痛苦和悲慘的。

　　世界就像一個伊甸園，是所有人都得以降生的淳樸樂園。此後，一種嚮往現實生活的衝動，一種有所成就、吃苦耐勞的冥冥之想，將我們推入現實世界的水深火熱之中。此時，我們會逐漸理解到事情的另一面，即存在的那一面、意志的那一面。這一面，使我們每走一步，都心驚膽戰。這個時候，我們逐漸看懂人生，直至大徹大悟。當這種大徹大悟成熟時，人們可以說：「幻想的年歲已一去不復返了。」這種大徹大悟還會臻於完美。所以，可以這樣說：童年生活宛如由遠處遙看劇場布景，而老年之人生則是坐在前排的某個座位上看同一個劇場布景。

　　人在青春年少時有很多優勢，當然也有躁動不安和阻遏幸福的東西存在。年輕人不顧一切地追尋幸福，是因為堅信這樣一個假設：在其生命中是必然會得到幸福的。由此，便產生了無窮無盡的自欺欺人式的希望，當然也還有失望和不滿。出現在我們夢幻中的那些模模糊糊的欺人的幸福圖景，以變幻莫測的形式懸浮在我們腦海中，我們徒勞地尋找著這些幻象的原型。同樣，當年輕力盛之際，我們通常都不滿自

己的地位和環境，這是因為，我們把那些處處皆令人沮喪和空洞乏味的人生慘像歸於地位和環境。我們啟迪年輕人，花長時間引導他們，根除他們頭腦中這樣一個大謬不然的觀念：世界為他們準備了很多東西以待賞賜。不過，當我們與生活打交道時，由於看到的是虛構圖景而不是現實事實，所以情形恰恰相反。在我們青春之光輝的朝霞中，虛構的詩意作品為我們勾勒了炫目場景，使我們春心蕩漾，急切地想把這幅場景化為現實，急切地想攀摘彩虹。年輕人總愛以一本趣味小說的形式去憧憬自己的人生歷程，由此也就產生了無盡的失望和悲傷。因為，使這些幻象圖景富有魅力之處的，正在於它們是想像的，而不是真實的。因而，我們應該在直覺地感受它們時，保持平靜和純粹認知的心緒。想要把這些東西化為現實，就意味著放任意志席捲一切，這不可避免地將帶來痛苦。

　　所以，假如說人生前半部分的根本特點在於不知滿足地追求幸福，那麼其後半生則充滿著不幸的惶恐。所有幸福皆為虛無縹緲之物，而所有苦難則為實實在在的東西。因而，我們都變得謹小慎微，所渴望的僅僅是少一點痛苦和那種不再被人打擾的境遇，而不是快樂。

　　當步入青壯年，我們會精神抖擻，充滿喜悅，因為你在想「現在，機會也許來了」；然而人到晚年，同樣的情形出

現時，你立即會出現惶恐之態，會戰戰兢兢地認為「時候真的到了」。那些成績卓著和天賦甚高的人，他們在此不同於塵世中的芸芸眾生。因而，依照他們的才能，鶴立於眾生之中，對人世，他們會產生兩種截然對立的情感。在青春時期，他們大都具有被塵世拋棄的感受；而到老年，他們又具有擺脫塵世的感受。前半生是不幸福的，這是因為我們尚不熟悉這世界；而後半生是幸福的，這種幸福感建立在我們對這個世界了若指掌的理解之基礎。結果，人的後半生宛如音樂之後半部分，包容的衝動、推進較少，而緩解、憩息更多。通常來說，這是因為年輕時，我們總以為世界上有概括式的幸福和快樂，認為獲得它們只需要花一些力氣罷了；而待我們到老年時，我們卻反而認為世界中其實一無所得，因而對此事保持著完全平靜的心緒，陶樂於過得去的眼下生活，甚至在那些零星瑣碎的小事中也能找到樂趣。

　　成年人從其生活經驗中獲取的東西，即他所具有的不同於少年或年輕人看待世界的那種方式，首先是一種坦誠直率或不執偏見。這個時候，他把事情看得非常簡單，一是一，二是二。而對年輕人來說，現實的世界卻被那些由他們自己造就的胡思亂想、偏見、奇怪念頭所偽裝或扭曲。而經驗的作用就是幫助我們擺脫幻想、謬論這些乘我們年輕而入的東西。確保年輕人擺脫這些東西的困擾，無疑是最好的教育方

式，但這是非常困難的。為達此目的，應把孩童的眼界盡可能限制在一個狹小的範圍內。而且，在這個範圍中，只准傳授那些清晰、正確的觀念。唯有孩童正確地領悟這個領域中的任何事物後，才可以逐漸拓展他們的視野。這同樣適用於青春期。這種方法還特別要求，不要讓他讀小說，而要用一些適當的傳記去替代，諸如富蘭克林或其他人的傳記。

在我們還年輕的時候，總是想像那些傑出人物和偉大事件會在我們的人生中伴隨密集的鼓點和嘹亮的號角登場亮相；而在老年，當我們回首平生，我們會發現，他們都是關門閉戶靜靜地睡覺，沒有人注意他們。

到不惑之年時，多數人難免會產生憤世嫉俗的缺點，這是很自然的事情。人們都樂於從自己的性格出發去衡量他人，看到的情形通常都是他人在思想或情感方面遠遠落後於自己。所以，他故意不和其他人有任何往來。這樣的人不是喜愛孤獨，就是仇恨孤獨，所以常常顧影自憐。

我們青春時代的活力和歡笑，部分是出於這樣的事實：我們剛登上人生的峰巔，並不知道那邊山腳下死神在等待著。當我們跨過山巔後，看到的只是道聽途說的死神的真實面貌。與此同時，我們躍躍欲試的神情頓時消退，這使得我們的精神突然消沉。此時，悲涼憂戚的嚴肅認真感壓倒了青春時節豐富多彩的愉悅。我們在青春時節，視生命為無盡的長河，毫不珍惜

地消磨時光；可是，當我們變得蒼老時，越發感到時間彌足珍貴，猶如一個死囚一步步邁向斷頭臺時的感受。

　　從年輕人的角度看，生活是一個無窮無盡的遙遠未來；從老年人的角度看，生活卻宛如一個非常短暫的往昔。一個人必須等到生命行將結束時，才可能透悟人生。青春時節，時間邁著非常緩慢的步履，因此，我們生命的前四分之一階段，不僅是最幸福的，而且也是最漫長的。所以它留下了那麼多的美好回憶。假如我們追憶往事，那麼任何人在此期間可敘說的東西，比下兩個階段都要多得多。這一段生活，就像時令之春季，日子本身在根本上就變得令人難熬的漫長。

　　當生活臨近結束之前，我們並不知道到底會發生什麼。可是，為什麼人到老年時會發現所經歷之生活是如此的短促呢？因為此時，我們對這段生活的記憶是非常少的，因而顯得時光短促罷了。於是，我們忘掉了許多無關緊要的事，尤其是我們所經歷的不幸。這樣，剩下來的東西當然就為數不多了。此時，我們活得越長，就會越少考慮那些曾在我們看來是舉足輕重、富有價值的事。

　　時光通常會悄無聲息、不留痕跡地逝去。就像航船離岸越遠，岸上之物便越發模糊，越難區分和辨認一樣，我們對往昔經歷的東西也將漸漸淡薄。

　　在青春年少時，我們具有完整的意識；而到老年時，我

們實際上只擁有了一半意識。人越是變老，就越是減少意識的程度而活著。事物在我們眼前穿過，卻不會產生任何印象，就好像一件藝術品被看過千百次後沒有產生任何效果一樣。我們做不得不做之事，過後，又不知道所做的究竟是些什麼。此時，由於生活本身越來越變得無意識，當生命衝向意識完全消逝的那個終點時，這個過程會越發加快。由於長時間養成了接受同一對象的習慣，智慧就會愈發變得精疲力竭，事件所產生的效果也會越來越小。由此看來，孩子們的一小時比老人的一整日都要漫長。因此可以說，老人的時光就像一個下滑的圓球，在做加速運動。

人越年輕，就越容易感覺到無聊。因而兒童總是在不停地玩耍，嘗試各種遊戲，或者從事體力活動。假如不讓他們這樣做，他們就會陷入可怕的無聊中。年輕人也同樣如此。隨著年齡的增加，無聊會日趨減少。毫不誇張地說：「人一生中最好的時光是在老態龍鍾之日到來之時。」因為，老人雖然情感的折磨平息了，但人生之重負卻遠較年輕時為甚。

相對於老年人來說，年輕人經常依直覺感受事物，而老年人則擅長思索追憶。年輕人喜歡創作詩歌，而老年人則上升到探討哲學的話題。同樣的，在現實中，年輕人是由直覺感受到的和體驗到的事物作決定；而在老年，則是經由腦部思考作決定。

卷四 生與死的糾纏

　　人生的前 40 年適合用來著書立說，而後 30 年則適宜用來寫評論。奇怪的是，只有到生命的尾聲，我們才能真正聽到和領悟到我們自身的目標，尤其是與世界的關係。

　　人在年輕之時，樂於容忍不幸；而到老年之時，卻擅長避免不幸。青春期是一個不安分的時期，而年老則是一個休養生息的時節。人的年齡越大，對世間之事看得越輕。

　　如果我們正值壯年，那麼意味著我們占有生命；但是如果我們已到老年，那麼無疑我們已經面臨死神。不管我們處在哪一頭，問題的關鍵在於：這兩者之中，哪種情況更可怕。而且，生活從整體上來看，並不是那種比過去和未來更美好的東西。《舊約傳道書》上這樣寫道：「死亡之日比出生之日更美好。」

　　一個人想長命百歲，無論如何都是一種淺薄的想法。正如有一句西班牙諺語說得好：「任何人活得越長，經歷的邪惡便越多。」

　　生命是一段旅程，處在不同階段的人生自有不同的收穫和領悟。年少氣盛之時，功名利祿是人生的目標，人因此而勞心費力、耗費生命。當時光流逝，人到年老之時，人的銳氣也會江河日下，此時，對功名利祿早已看破，轉而追求祥和、寧靜，開始正直地享受生命，享受生活。也只有接近死亡，人才能真正明白生命的真諦。

一切努力和欲望，皆為迷誤

一切享樂或幸福，都是消極的；反之，只有痛苦才是積極的。

人們在痛苦、憂慮、恐懼的情況下與在平安無事的情況下感覺截然不同。人們對於願望的感覺，就如同飢餓時求之於食、口渴時求之於水一般的迫切。但是願望得到滿足後，則又像吞下一口食物的瞬間一樣，彷彿知覺已停止。

當我們沒有享受到歡樂之時，我們總是惦記著它。唯有痛苦和缺乏才能引起我們積極行動。反之，幸福不過是消極的東西，例如健康、青春和自由可說是人生的三大財寶，但當我們擁有它們時，卻又毫無感覺，一旦喪失後，才意識到它們的可貴。其中道理正是在此，因為它們是消極的東西。總之，我們都是在不幸的日子取代往日的生活後，才體會到過去的幸福。

享樂愈增，對它的感受就愈輕，積久成習後，更不覺得自己身在福中了。反之，卻增加了對痛苦的感受性。因為原有的習慣一消失，特別容易感到痛苦。如此，所擁有的愈多，愈會增加對痛苦的感受力。

當我們快樂時，總感覺時間在飛快地流逝；而當我們痛苦時，則感覺度日如年。這也證明能使我們感受到它存在

的，是痛苦而非享樂。同理，當我們百無聊賴時才會意識到時間，趣味盎然時則不然。以上種種事實說明：所謂幸福，是指一般我們所未感覺到的事情。最不能感覺到的事情，也就是最幸福的事情。最令人雀躍的大喜悅，通常是在連續飽嘗最大的痛苦之後。相反，若「滿足」的時間持續太長，帶來的就是如何排遣或如何滿足其虛榮心之類的問題。所以，詩人不得不給他們筆下的主角先安排個痛苦不安的境遇，然後再讓他們從困境中擺脫出來。因此，通常的戲劇或敘事詩大都是描寫人類的戰爭、煩惱和痛苦；至於小說，則是透視不安的人類心靈的痙攣或動搖的鏡子。司各特在他的小說《修墓老人》一書的結尾中，曾坦率地指出這種美學上的必然性。伏爾泰也說：「幸福不過如夢，痛苦才是真實的。」

　　認為人生是一筆財富的人，不妨心平氣和地把人類一生中所能享受的快樂總和與所遭遇到的煩惱總和比較一下，這樣一來便不難算出其中的比重。我們不必爭論世上善與惡何者較多之類的問題，惡既是存在的事實，爭論已屬多餘，因為不管善、惡是同時存在，抑或善在惡之後存在，既然我們無法將惡袪除淨盡，也就不值得苦惱。

　　總之，縱使有一千個人生活在幸福和歡樂之中，但只要有一個人不能免於不安和老死的折磨，我們就不能否認痛苦的存在。同樣的道理，即便世界上的惡減少到只有實際的

1％，但只要它表現出來，就足以構成一個真理的基礎。這個真理雖然帶著幾分間接性，但卻有種種表達方式，例如「世界的存在並非可喜，毋寧是可悲的」，「不存在勝於存在」，「就根本而言，世界原本不應存在」。拜倫這樣說：「我們的生存是虛偽的，殘酷的宿命注定萬事不得調和。難以洗脫的罪惡汙點，像一棵龐大無比的毒樹 —— 使一切枯萎的樹木，地面是它的根，天空是它的枝和葉，把露珠一般的疾病之雨灑落在人們身上，放眼到處是苦惱 —— 疾病、死亡、束縛，更有看不到的苦惱，它們經常以新的憂愁填滿那無可救藥的心靈。」

正如史賓諾沙或他的信徒所說：「世界和人生都有它們各自的目的，所以無須在理論上辯護，不必在實踐上補償和改良。它們是生命的起因，是神所顯現的唯一存在；或者說，是神為了看到自己的影像，故意讓他發展。因此，其存在不必以理由來辯護，也不必借結果而解放。」

人生的苦惱，無須由享受和幸福來加以補償。完全的苦惱是不存在的，死亡也是不存在的。換句話說，死亡對於我們應該不是值得恐懼的事情。也許唯有抱這種看法，人生才會有其他的收穫。

所有的事情通常都不完整且令人迷惑，愉快的事情總是摻雜著不愉快，享樂通常不過只占一部分，滿足反而形成了

一種妨礙，安心伴隨著新的重荷。對於每天每小時所發生的困難，雖有良策，但它卻坐視不理，視而不見地看著我們攀登樓梯，任憑腳底下的樓梯一階一階被拆毀。不僅如此，還有大小不等、形色不一的不幸在前面等著我們。簡而言之，我們就像盲目的預言家菲紐斯（Phineus）一樣，因哈皮怪獸把他所有的食物都弄汙了，所以無物可吃。對此，有兩種方法可以應對窘境。第一種方法是利用才智、謹慎和謀略，但它的功效非常有限，往往只有自取其辱。第二種方法是要有斯多葛派的恬淡，徹悟萬事，對任何事都加以輕視，藉以繳獲不幸所賴以為禍的武器。從力行實踐而言，就是要有犬儒學者的達觀，乾脆放棄一切，有如戴奧基尼斯一般，把自己當作犬。

事實上，人類是應該悲慘的，因為人類所遭遇災禍的最大根源乃在人類本身。有一句話說得好：「人便是吃人的狼。」因此，這個世界看起來即是地獄，比之但丁所描寫的地獄有過之而無不及。人類相互間都成了惡魔。其中一人以征服者的姿態出現，然後使數十萬人相互敵對，並且對眾人吶喊：「你們的命運就是苦惱和死亡。來吧！大家用槍炮互相攻打吧！」於是，眾人也就糊里糊塗地開始敵視彼此。總之，綜觀人類的行為，只能用不公正、極端的不公平、冷酷來概括。基於此，國家才有立法的需求。但一旦法律有所不

及，人們立刻又表現出人類特有的對同類的殘忍性。

人們究竟應該如何互相對待？我們只要看看黑人奴隸買賣的情形，便可了然。它的最終目的，不過是為了砂糖和咖啡，但他們原本可以不必這樣做的。這實在是出於人類無法被滿足的私心，偶爾也有出於惡意的。再看看，有的人從 5 歲時就開始進入紡織工廠或其他工廠，最初工作 10 小時，其次 12 小時，最後增加到 14 個小時，每天從事相同的機械性工作。付出如此高的代價，只是為了得以苟延殘喘。然而，儘管如此，又有誰能夠擺脫類似的命運呢？

此外，一些極為微小的偶然也會導致不幸的發生。世界上沒有所謂百分之百幸福的人。一個人最幸福的時刻，就是當他在酣睡時；而不幸的人最不幸的時刻，就是在他清醒的瞬間。實際上許多不幸都是間接的，人們之所以經常感到自己不幸，是因為心裡都有強烈的嫉妒心。不管處在何種生活狀態，只要看到別人勝過自己 —— 不管哪一方面，即足以造成嫉妒的動機，並且無法平息。人類因為感到自己的不幸，所以無法忍受別人的幸福。相反，當他感到幸福時 —— 即使只有短暫的一刹那，便會立刻洋洋自得起來，恨不得向周遭所有人誇耀：「但願我的喜悅，能成為全世界人的幸福。」

倘若能夠明白其實人生本身就是貴重財富的話，那麼對死和死亡的恐懼，守衛者就不該設置在它的出口。反之，死

亡真如想像中那般可怕的話，又有誰願意逗留在這樣的人生中呢？還有，如果人生純粹是歡樂美好的話，當想到死亡時，又是何種滋味？恐怕也將難以忍受吧！話雖如此，以死亡作為生命的終點也存在好的一面：在苦惱的人生中，由於有了死亡，人就可以得到一種慰藉。其實，苦惱和死亡是聯結在一起的，它們製造了一條迷路，雖然人們希望離開它，但卻異常困難。

從實踐方面來說，倘若說世界並不適於存在，在道理上也應該可以站得住腳。因為存在的本身已顯示得很清楚，或者從存在的目的也可以觀察出來，當不致使人對它有所驚訝或懷疑，至少無須多加說明。

但事實並非如此，世界原是永遠無法解決的難題，哪怕是再完美無瑕的哲學，也有無法觸及的一面，它彷彿是不能溶解的沉澱物，又如兩個不合理數之間的關係。所以，假如有人提出這樣的疑問：「如果除世界之外再無任何東西，不是更好嗎？」它（指世界）也沒辦法替我們解釋，我們也無法從這裡發現其存在的理由或終局的原因，即它本身並無法解釋它是否為自身的利益而存在的命題。

依我之淺見，世界存在的理由並沒有明顯的根據，只是由物自體盲目的求生意志以現象的形式來表示為什麼，而不受根本原理的支配。這與世界的性質是相一致的，因為安排

我們活動的是肉眼所看不到的意志，如果眼睛能夠看到這種意志，它應該馬上能估計這種事業的得不償失。在憂慮、不安和窮困之中，即使我們付出全力，努力奮鬥，任何個體的生命也無法免除破滅的厄運，它所能得到的生存只是暫時的，到最後仍難免化為虛無，得不到任何報償。所以，假如世界正如阿那克薩哥拉所說，是「理性（即意識）引導意志」的話，那就難怪樂觀主義者曾那樣樂觀了。所以，儘管世界充滿悲慘是昭然若揭的事，一般人卻仍打著樂觀主義的旗號。在這種場合中，生命被稱之為一種贈物。但是我們若能預先詳細了解這個贈物的話，很明顯，任何人都將拒絕接受它。戈特霍爾德·埃弗拉伊姆·萊辛（Gotthold Ephraim Lessing）之所以驚嘆他兒子的智慧，即為此之故。他的孩子似有先見之明，不願來到這個世界，而是被助產婦強行拖出來的，但在落地後，立刻又匆匆逃去。反之，也有人認為人生的過程只是一種教育。果真如此，也許大多數人將這樣回答：「我們寧願投身於虛無的休息中，因為這裡沒有教育之類煩人的東西。」所以，與其說人類的生存是一種贈物，不如說是一種負債契約。負債的原因是由於生存的實際要求。通常，我們一生都在還債，且僅僅把利息償還，至於本金，只有由死亡來償付了。然則，這種負債契約是在何時訂立的呢？是在生殖之時。

所以，我們一定要將人類的生存當作一種懲罰、一種贖罪的行為，唯有如此，才能正確地觀察世相。

　　假如有人想要測量一下我們生存本身的負罪程度，不妨看看與它聯結在一起的苦惱。不論精神上或肉體上的巨大苦惱，都可明顯地表示出我們的所值究竟是多少。換句話說，如果我們的價值不如苦惱的話，苦惱當不會到來。基督教對我們的生存也持這樣的看法，我們只要翻翻路德的《加拉太書注釋》第三章，便可一目了然：「我們的肉體、境遇及一切皆被惡魔所征服，這個世界中不過是些外邦人，他們的主人、他們的神是惡魔。因此，我們所吃的麵包、我們所喝的飲料、我們所穿的衣物，甚至連空氣等一切供養我們身體的東西，都要受其支配。」

　　這個世界是煩惱、痛苦的生物互相吞食、苟延殘喘的競技場，是數千種動物以及猛獸的活墳墓。動物感覺痛苦的能力是隨著認知能力而遞增的，因此，到了人類，這種痛苦便達到最高峰。智慧愈增，痛苦愈甚。在這樣的世界中，竟然有人迎合樂觀主義的說法，來向我們證明是「可能有的世界中之最佳者」，這種理由顯然太貧弱了。

　　不僅如此，樂觀主義者還叫我們張開眼睛看世界：世界中有山谷、河流、動物、植物等，風和日麗時，這一切不是很美很可愛嗎？不可否認，如果只是大略瞥一眼，情況的

確如此，但如果你仔細觀察，就並不是那麼回事了。除了樂
觀主義者，還有那些神學家同樣會讚美這個世界，他們會向
我們讚美世界的巧妙運作，認為正由於這種精巧的配置，星
辰的運行才會永遠不會相撞，陸地和海洋才不會錯置相混，
寒流不會滯留不去而使萬物僵硬，酷暑不會長久而使萬物燒
灼，春夏秋冬四季的輪轉井然有序，從而有各種作物的收
成。然而這所有的一切，僅是世界不可或缺的條件而已。當
我們進一步觀察這個被讚美的作品的「成果」，在地球這個
堅固舞臺上的所有演員 —— 人，他們提供人類生活的真實
一面，除了悲劇和鬧劇之外，竟再也找不出其他東西了！看
到這些情景，我想，除了偽善者外，必當會忍不住唱「哈利
路亞」的心情了！上述最後一項，雖然它的真正起源一直被
隱匿著，但休謨在所著的《宗教自然史》一書中卻曾毫不掩
飾地將它暴露出來，這該是真理的一大勝利。同時，他的那
一篇〈自然的宗教對話〉以貼切的論據，率直明顯地說出這
個世界的悲慘性質以及提出了持一切樂觀主義的觀點缺乏根
據的主張，並將樂觀主義抨擊了一番。休謨的這兩篇著作，
雖然今天的德國人還大半不知，但卻頗有一讀的價值。他在
字裡行間所教導我們的事情比黑格爾（Georg W. F. Hegel）、
赫伯特（Herbert Marcuse）、弗里德里希‧史萊馬赫（Friedrich
Daniel Ernst Schleiermacher）三者的哲學著作總和還要多。

樂觀主義也許可以說是對人類災難作一種譏刺的嘲弄！明確了解幸福原是一種迷妄，最後終歸一場空。如此來觀察人生萬事，才能分明。其中道理存在於事物最深的本質中，大部分人的生命悲慘而短暫，即是因為不知此理。

　　人生所呈現的就是或大或小從無間斷的欺瞞，一個願望遙遙向我們招手，我們便鍥而不捨地追求或等待，但在獲得之後，立刻又被奪去。「距離」這一魔術，正如天國所顯示的一般，實是一種錯覺，我們被它欺騙後便告消失。因此，所謂幸福，通常不是在未來，便是過去，而「現在」就像是和風吹拂陽光普照的平原上的一片小黑雲，它的前後左右都是光輝燦爛，唯獨這片雲中是一團陰影。所以，「現在」通常是不滿，「未來」是未可預卜，「過去」則已無可挽回。

　　人生之中的每時、每日、每週、每年都是或大或小形形色色的災難，人的希望常常破滅，計畫時時受挫，這樣的人生分明已樹起使人憎厭的標記，為何大家竟會把這些事情看漏，而認定人生是快樂的、人類是幸福的存在呢？實在令人莫名其妙。我們應從人生的普通狀態──連續的迷妄和覺醒的交迭中產生一種信念：一切財寶都是虛無，這個世界終將歸於破滅，而人生乃是一宗得不償失的交易。

　　個體中的智慧如何能夠理解意志所有的客體都是空虛的呢？答案首先在於時間。由於時間的形式，事物呈現出變化

無常，從而顯示出空虛的狀態。換言之，就是由於「時間」的形式，讓一切享樂或歡喜在我們手中歸於空無後，使我們驚訝地尋找它的遁歸之處。所以說，空虛實際上是時間之流中唯一的客觀存在，它在事物的本質中與時間相配合，而表現於其中。時間是我們直觀事物存續的必然形式，一切物質以及我們本身都必須在其中表現。因此，我們的生命就像是金錢的支付，受款之餘，還得交出一張收據。就這樣，每天領著金錢，開出的收據就是死亡。

如此，一切生命必然匆匆走向老邁和死亡，這是自然對於求生意志的努力終必歸於虛無的宣告：「你們的欲求，就是以如此作終結。再企盼更好的東西吧！」它是在對生命提出如下的教訓：願望帶給我們的痛苦遠多於歡樂。同時，由於生命本身的毀滅，也將使人獲得一個結論：一切努力和欲望，皆為迷誤。

一切努力和欲望，皆為迷誤，因為生命的本質是痛苦。當我們每天為追逐功名利祿而忙碌的時候，卻在以支付時間為代價。正如叔本華所說：「每天領著金錢，開出的收據就是死亡。」

人最大的恐懼來自對死亡的憂慮

　　死亡給哲學以靈感，因而蘇格拉底說哲學的定義是「死亡的準備」，即是如此。誠然，倘若沒有死亡的問題存在，恐怕哲學也就不成其為哲學了。

　　動物不知道有死亡的存在（人除外），每個動物只意識到自己的無限，直接享受種族的完全不滅。至於人類，因為其具備理性，因此，必然會產生對死亡的恐懼。但通常來說，自然界中的任何一種災難都有它獨特的治療法，至少會獲得某種補償。對死亡的理解所帶來的反省致使人類獲得形而上的見解，並因此得到了一種安慰。反觀動物，則無此必要，也無此能力。人類存在的宗教和哲學體系，旨在幫助人們培養反省的理性，成為死亡觀念的解毒劑。各種宗教和哲學都能達到這種目的，雖然方法各有不同，然而它們的確遠較其他方面更能給予人平靜面對死亡的力量。

　　婆羅門教或佛教認為：一切生滅，與意識的本體無關。此即所謂「梵」。他們教導人們以「梵」觀察自己。就此點來說，實在是比一般諸如「人是從無而生」、「在出生之後始而為有」的西方思想要高明得多。因而，在印度很容易找到輕視死亡的人，這在歐洲人的眼裡簡直是難以理解的事。因為歐洲人很早就把一些根據薄弱的概念強迫灌輸進人們腦

中，致使人們永遠無法接受更正確合適的概念，這實在是一件很危險的事。其結果，就像英吉利某些社會主義的墮落者和德意志新黑格爾派學生一樣否定一切，陷入絕對形而下的見解，高喊：「吃吧！喝吧！死後什麼也享受不到了！」也許他們就是因為這點才被稱為獸慾主義吧！

然而，由於死亡的種種教訓，卻使一般人 —— 至少歐洲人，徘徊於死亡是「絕對性破滅」和「完全不滅」的兩種對立見解間。這兩者其實都有錯誤，但我們也很難找出合乎中庸之道的見解，因此，不如讓它們自行消滅，另尋更高明的見地吧！

我們先從實際經驗談起。

首先，我們不能否定下列事實：基於自然意識，不僅使人對個體的死亡產生莫大的恐懼，此外，對家族之死亦哀慟感傷。而後者顯然並非由於本身的損失所致，而是出於同情心，為死者遭遇大不幸而悲哀。在此情形下，如果不流幾滴眼淚表示一些悲嘆之情，就要被指責為鐵石心腸、不近人情了。正是基於此，如果復仇之心達到極點，所能加諸給敵人的最大災禍，就是將敵人置於死地。

人類的見解雖因時代場所的不同，經常有所變遷，唯獨「自然的聲音」卻不拘泥於任何角落，始終不變。從上述看來，自然之聲顯然在表示「死亡是最大的災禍」，亦即死亡

意味著毀滅，以及生存的無價值。死亡的恐懼實際是超然獨立於一切理解之上的。動物雖然不了解死亡是怎麼回事，但對它仍有著本能的恐懼。所有的生物都帶著這種恐懼離開世界。這是動物的天性，正如牠們為自我的保存時時懷著顧慮一般，對本身的破滅亦常生恐懼。因此當動物遭遇切身的危險時，不但對其本身，連其子女亦加以小心翼翼地守護，不僅為了逃避痛苦，亦為對死亡的恐懼。

動物為何要逃竄、隱匿？無非動物的生存意志使牠們力圖延遲死亡而已。人類的天性亦同，死亡是威脅人類的最大災禍，我們最大的恐懼是來自對死亡的憂慮，最能吸引我們關心的是他人生命的危險，而我們所看到的最可怕的場面則是執行死刑。但要特別強調的是，人類所表現出來的對生命的無限執著，並非由理解力和理智所產生，反而認為眷戀生存是最愚蠢不過的事，因為生命的客觀價值是非常不確定的 —— 至少它會使人懷疑存在究竟是否比非存在好。

經驗和理智必定會告訴我們，後者實勝於前者。從柏拉圖對話錄的〈自辯〉篇中，可以看出蘇格拉底對此亦有相類似的見解，就連笑口常開的伏爾泰也說：「生固可喜，但『無』亦佳。」又說：「我不知道永恆的生命在何處，但現在的生命卻是最惡劣的玩笑。」並且，人生在世，只有短短幾十年，比之他不生存的無限時間，幾乎可說等於零。因此，

如果稍加反省，為這短暫的時間而太過憂愁，為自己或他人的生命瀕臨危險而大感恐懼，或創作一些主題為死亡的恐怖、使人感到惶恐悚懼的悲劇，實在是莫大的愚蠢。

出生是人開始踏上苦難之旅的起點，而死亡是人生苦難之旅的終點。因而，我們無須為人的出生而拍手稱快、興高采烈，因為他從此將歷經磨難；我們也無須為人的死亡而恐懼、而悲傷，因為死亡意味著苦難的結束，他從此將遠離苦海。

對生命的強烈眷戀是愚昧的

人類對於生命的強烈執著是愚昧的。這種強烈的執著充其量只是在說明，求生意志就是我們的本質。所以，對意志來說，不管生命如何痛苦、如何短暫、如何不確實，總把它當作至高無上的瑰寶；同時，也說明意志本身原本就是盲目、沒有理解力的 —— 反之，理解力卻可暴露生命的無價值，而反抗對生命的執著，進而克服對死亡的恐懼。

所以當理解力最終取得勝利，得以泰然自若地迎接死神時，那些人就可以被我們推崇為偉大高尚的人。反之，如果理解力在與盲目求生意志的對抗中敗下陣來，而一心一意眷戀著生命，對於死亡的逼近極力抵抗，最後終以絕望的心情迎接死亡時，我們對這樣的人投以鄙視的眼神。（但後者這類人，也只不過是表現著自我和自然根源中的本質而已。）

在這裡，我們不禁要提出疑問：為什麼對於生命有無限執著的人，以及盡一切方法延長壽命的人，反而被大家卑視輕賤呢？還有，如果生命真是大慈大悲的諸神所贈與的禮物，我們應衷心感謝的話，為什麼所有宗教皆認為眷戀生命與宗教有所抵觸？為什麼輕視生命反而被認為偉大高尚？

總之，從以上這些觀察，我們可以獲得以下四點結論：

▼ 求生意志是人類最深層的本質。

▼ 意志本身沒有理解力，它是盲目的。

▼ 理解是無關根本意志的附帶原理。

▼ 在認知與意志的衝突中，我們通常側重於前者，鼓吹理解的勝利。

既然「死亡」與「非存在」讓人感覺如此恐懼，那麼，按理對於「尚未存在」的事情，人們也應該會有恐懼之心。因為，死後的非存在和生前的非存在應該不會有所差別，我們在未出生前不知已經經過多少世代，但我們並不會對它感到悲傷，那麼死後的非存在又有什麼值得悲傷的呢？我們的生存不過是漫長無涯的生存中之一刹那的間奏而已，死後和生前並無不同，因此實在大可不必為此感覺痛苦難耐。如果說對於生存的渴望是因「現在的生存非常愉快」而產生，顯然事實並不完全如此。通常來說，經驗愈多，反而會對非

存在的失樂園懷有更多憧憬。還有，在所謂靈魂不滅的希望中，我們不也是常常企盼著所謂「更好的世界」嗎？凡此種種，皆足可證明「現世」並沒有多美好。話雖如此，世人卻很熱烈於談論有關我們死後的狀態問題，一般書籍論述、家常閒話觸及這方面的，可說比談生前狀態問題還要多出幾千倍。這兩者雖然都是我們的切身問題，談論原無可厚非，但如果過度偏於一端，則難免會鑽入牛角尖。很不幸的是，幾乎所有的世人都有這個缺點。其實，這兩者是可以互相推證的，解答其一，亦可查究其另一。

　　現在，我們姑且站在純粹經驗的立場，假定我們過去全然不曾存在，如此我們亦可進而推論。在我們不存在時的無限時間，必是處於非常習慣而愉快的狀態；那麼對於我們死後不存在的無限時間，亦可引以為慰。因為死後的無限時間和未出生前的無限時間並沒有兩樣，沒有絲毫值得恐懼的地方。同時，證明死後繼續存在（例如「輪迴」）的一切，同樣也可適用於生前，可以證明生前的存在。印度人或佛教徒對於這一點，即有著脈絡一貫的解釋。但正如上面所述，人既已不存在，一切與我們生存無關的時間，無論是過去還是未來，對我們來說都不重要，為它悲傷實在毫無來由。

　　相反，如果我們將這些時間性的觀察完全置之度外，認為非存在是災禍，其本身也是不合理的。因為一切所謂的善

善惡惡都是對生存的預想，連意識也同樣如此。但意識在生命結束之同時便告停止，在睡眠或暈倒的狀態下也同樣停息。由此，我們從中得出一個結論：若沒有意識，也就根本不會有災禍的存在了。

總之，災禍的發生都是一瞬間的事情。伊壁鳩魯從這種見地得出他研究死亡問題的結論，他說：「死是與我們無關的事情。」並加注釋說：因為我們存在時死亡不會降臨，等到死神光臨時，我們又不存在了。即便是喪失些什麼，也不算是災禍。因此，不存在和業已不存在的兩者即應視為相同，無須掛念在心。因而，以理解的角度而言，絕不致產生恐懼死亡的理由。再者因意識中有著理解作用，所以對意識來說，死亡亦非災禍。實際上說，一切生物對於死亡的恐懼和嫌惡，純粹都是從盲目的意志產生的，那是因為生物有求生意志，這種意志本質上有著追求生存的衝動。此時的意志，因受「時間」形式的限制，始終將本身與現象視為同類，它誤以為「死亡」是自己的終結，因而盡其全力以抵抗之。

人之所以懼怕死亡，是因為對「生」有著強烈的欲求。實際上這是一種很愚昧的表現，因為死亡和人並沒有什麼關係。正如伊壁鳩魯所說：「死是與我們無關的事情。」一個人存活時死亡不會降臨，等到死了之後，人又不存在了。所以，「死」事實上和我們真的無關，因此也無須眷戀「生」。

死亡本身並不是災禍

　　生命，對於任何人來說都沒什麼特別值得珍惜的，我們所以那樣畏懼死亡，並不是由於生命的終結，而是因為有機體的破滅。因為，有機體是以身體展現意志，但我們只有在病痛和衰老的災禍中才能感覺到這種破滅。反之，對主觀而言，死亡僅是腦髓停止活動、意識消失的一剎那間而已，隨之而來的所有涉及有機體諸器官停止活動的情形其實不過是死後附帶發生的現象。因而，如果從主觀上來看，死亡僅與意識有著關聯。

　　意識的消失到底是怎麼回事呢？這點我們可以由沉睡的狀態來作某種程度的判斷。有過暈倒經驗的人，便能深刻地了解到。基本上，暈倒的過程並不是逐步而來的，也不是以夢為媒介的。在意識還清醒時，首先是視力消失，接著迅即陷入完全無意識的狀態，這時的感覺絕不會不愉快。的確，假如將睡眠比喻為死亡的兄弟，那麼暈倒就是死亡的孿生兄弟。「橫死」或「暴斃」想來也不會痛苦，因為受重傷時，通常最初都沒有感覺，過一陣後，發現傷口才開始有疼痛的感覺。以此推測，若是立即致命的重傷，當意識還沒發現到它時，業已一命嗚呼了。當然，若受傷很久以後才致死，那就和一般重病沒有兩樣了。其他，如因溺水、瓦斯中毒、自

縊等，足以使意識瞬即消失的，都沒有痛苦。最後，談到自然死亡，因衰老而溘然長逝的死亡，生命通常都是在不知不覺間徐徐消逝的。因為人一到老年，對於情熱和欲望的感受逐漸減低，以至消失，可說已沒有足以刺激其感情的東西；想像力漸次衰弱，一切心像模模糊糊，所有印象消逝得無影無蹤，事事俱喪失其意義，總之一切皆已褪色，只覺歲月匆匆飛逝。老人的蹣跚腳步，或蹲在角隅休息的身子，不過是他昔日的影子、他的幽靈而已，這裡面又還有什麼值得死亡去破壞的東西呢？就這樣，有一天，終於長睡不醒，像夢幻一般——那種夢，就是哈姆雷特在他的獨白中所尋覓的夢境。想想看，我們現在正是在做那種夢啊！

　　還有一點必須附帶說明的：生活機能的維持雖也有著某種形而上的根據，但並非不須經過努力的。有機體每晚皆對它屈服，腦髓作用因而為之停頓下來，各種分泌、呼吸、脈搏及熱能之產生等也因而減低。就此看來，如果是生命機能完全停止的話，推動它的那股力量大概一定會感到不可思議的安心。自然死亡者的面孔大都顯出滿足安詳的表情，或許就是因此之故。總之，在臨死的那一瞬間，大致和噩夢覺醒時的那一瞬間相類似。

　　由以上可知，不管死亡是如何令人恐懼，其實它本身並不是災禍，甚至我們往往還可在死神海因身上找到自己所渴

望的東西。當生存中或自己的努力遭遇到難以克服的障礙，或為不治之症和難以消解的憂愁所煩惱時，大自然就是現成的最後避難所，它早已為我們敞開，讓我們回歸它的懷抱。

生存，就像是大自然頒予的「財產委託書」，造化在適當的時機誘使我們從自然的懷抱投向生存狀態，但仍隨時歡迎我們回去。當然，那也是經過肉體或道德方面的掙扎之後才有的行動。人就是如此輕易而歡天喜地進入這煩惱多、樂趣少的生存之中，然後又拚命掙扎著想回到原來的場所。

死亡本身並不是災難，人們之所以懼怕死亡，是因為他們貪念生，貪圖機體的享受。而死恰恰會讓機體破滅，因而這讓人們開始莫名地恐慌，恐慌死神的來臨。

卷四　生與死的糾纏

卷五　人生的領悟

　　人生的本質是痛苦，痛苦和無聊是人生的兩種成分。人在各種欲望得不到滿足時，處於痛苦的一端；而當欲望得到滿足時，便又處於無聊的一端，人的一生就像鐘擺一樣在這兩端之間擺動。做為在這天地間生存的人，只有把人生的本質看透了，才能明白生命的真正含義。

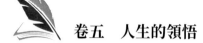

幸福只是人生的一段旅程

　　一個人的幸福總是有限的。一個人的幸福與視野、工作範圍，和其看待世界的觀點相對應，並受其制約和限定。這些限定的範圍越廣，我們的擔憂和焦慮就越厲害。因為這意味著我們的煩惱、欲望和恐懼不斷增加和強化。這也就是為什麼愚昧無知者並不像我們想像得那樣不幸的原因，否則他們臉上的表情也就不會如此溫順、安詳了。

　　幸福之所以有限的另一個原因，是人的後半生要比其前半生更為淒涼冷寂。隨著年齡的增加，我們的視野不斷擴展，我們與世界的觸點繼續延伸。在孩童時代，我們的視野半徑僅限於周圍狹小的範圍；到青春期，視野便有了拓展；人到中年，我們的視野已經包容了我們活動的所有範圍，甚至伸向了更為遙遠的領域 —— 開始憂國憂民；人到老年後，開始為子孫後代操心勞累。

　　即便是在理智的活動中，我們對幸福的追求也必然是有限的。因為，意志越是不輕易激動，我們遭受的痛苦也就越少。我們都非常清楚，痛苦是某種肯定的東西，而幸福則是一種否定的狀態。對外部活動範圍的限制是為了突出意志的內驅作用，而對心智能力的限制則突顯了意志成為內在驅動的作用力。後一種限制經常會遇到麻煩，即它為那些令人厭

惡的事物打開了方便之門。為了擺脫這些煩惱，人們將利用各種唾手可得的方法 —— 社交、揮霍、娛樂、飲酒等，這類方法將導致災難、墮落和不幸。

一個人如果無所事事則很難保持其心靈的寧靜。那種對外部活動範圍的限制有助於幸福的獲得，甚至可以說是人類幸福的必然條件。

人們或許留意到了這樣一個事實：描寫人們生活幸福、心境安寧的詩 —— 那種質樸宜人的田園詩 —— 所表達的經常是在單純狹小的生活環境中的人，而這一點恰恰是田園詩意境中的本質核心。同時，它也是一種情感，即我們在欣賞所謂風俗畫時所體驗到的那種愉悅的本質。

因此，生活方式的簡陋質樸，乃至單一不變，如果並沒有讓我們感覺到厭煩乏味，就還是有益於幸福的。因為，恰恰是在這種境況中，生活連同其不可避免的重負至少能讓人感覺到就像一泓涓涓細流的小溪，悄然無聲地流逝，它是那樣平靜，甚至沒有一絲波紋。

由於人的一生必須經歷由成長到衰敗的過程，因此幸福通常只是人生的一段旅程。在我們對這個世界知之甚少的時候，人生是幸福的，因為無知，所以無畏，也沒有更多的煩惱。當我們行將就木，看破世間百態的時候，人生是幸福

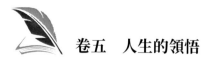
的，因為事事洞明，我們便不再憂慮。除此之外的大部分時間裡，人生都由不幸掌控。

幸福只有在我們自身中才能發現

自給自足，自己就是一切，除此之外，無所欲求，無疑，這便是幸福最主要的特質。因此，我們沒有必要總是重複亞里斯多德的話：「幸福意味著自我滿足。」事實上，在商福特那措詞極為巧妙的話語中也出現過同樣的思想：「幸福絕非輕易獲得的東西，在別處不可能找到它，只有在我們自身中才能發現它。」

然而，當一個人確信除了他自己以外不能依靠其他任何人時，生活的重負和不利的處境、危險和煩惱 —— 這些全都來自與他人的交往 —— 就不僅是難以計數的，而且是不可避免的。

追名逐利、飲酒狂歡、生活奢侈，所有這些都是通往幸福之路的障礙：雖然它們會改變我們悲慘的生活，使我們享受到種種歡快和愉悅，但是，這也同樣是一個危險的過程 —— 一個不可能不導致期望和幻想的過程。在這方面，不斷變幻的謊言同樣是不可避免的附屬物。

不管哪種社會形態都必須包含 —— 生存的首要條件 —— 成員之間的互相適應和社會對其成員的制約。這就意

味著，社會的規模越大，越令人乏味。一個人唯有在獨處的時候，才是他自己。如果他不喜歡獨處，那麼他必不熱愛自由，因為只有當他孤獨無依時，他才真正是自由的。

人在社會中經常會感到壓抑和緊張，這種壓抑感如同社會必然的附屬品一樣，使人無法擺脫。一個人的獨立性越強，就越難成為與他人交往關係的犧牲品。對於獨居，是喜悅、忍耐還是逃避，依據個人價值的大小來決定。當一個人獨處時，可憐的人體驗到的是他的所有不幸，而聰明人喜歡的卻是獨居的高尚偉大。簡而言之，獨處時，每個人都將成為他自己。

進一步說，假如一個人在自然稟賦中處於較高的地位，那麼他感到寂寞冷落是自然而然且不可避免的。倘若他周遭的環境干擾了他的上述感覺，那麼這個環境對於他來說就是不適宜的。如果他不得不接觸許多性格與他迥異的人，他們將會對他施加種種影響，破壞其精神的寧靜。事實上，他們將使他失去自我，卻又拿不出任何東西來彌補他的損失。

但是，當大自然在人與人之間的肉體和精神兩方面確立了更為廣泛的差異時，社會卻漠視或試圖消滅這些差異。或者，毋寧說它建立了種種人為的差異 —— 身分和地位的等級，這種等級常常與那些大自然設定的各種差異正好相反。這種分類的結果是抬高了那些被大自然置於低等地位的人，

而降低了極少數在自然中居於高等位置的人。

　　在社會中，只要多數粗鄙者掌握權力，少數優秀者通常總是對這個社會退避三舍。另外，在社會中，對偉大理智的冒犯就是權利的平等，由此而必然導致要求的平等。凡夫俗子對此則歡呼雀躍。同時，能力的不平等意味著相應的社會力量的懸殊。所謂善的社會 —— 這是一種非法的產物 —— 承認一切權利要求，卻否認理智要求。在這種社會中，人們被期待對於任何形式的愚鈍的麻木、墮落和沉悶表現出無限的耐力，而個人的優點如果要得到展現就不得不以謙卑的面孔出現，或者只能藏而不露。理智的優越性之所以冒犯眾怒，並非出於本意而僅僅由於它自身的存在。

　　在所謂善的社會中，最糟糕的不僅是與既不為我們所欣賞或動情的人當朋友，而在於它扭曲了我們的人性，不讓我們順其自然地發展。為了妥協，導致我們枯萎衰竭，或者完全改變了原本的真實樣貌。

　　理智的對話 —— 無論它是嚴肅的還是幽默的 —— 僅僅適用於理智的社會，它完全不適用於普通人。對於後者來說，它絕對是陳腐不堪、令人乏味的。這就要求我們有一種自我克制的行為，我們將不得不喪失四分之三的自我以變得像其他人那樣。無疑，這種交往可能會受到譴責以彌補我們在這方面的損失。然而，一個人的價值越大，他就越能發現

他所得到的遠不及他所失去的多，而獲利的則是對方。因為他與之交往的那些人一般來說都是道德淪喪、名譽掃地者──這就是說，從他們那裡所能得到的，除了無聊、煩惱、厭惡或者自我克制（它反映了一種必然性）外，再沒有別的什麼東西。因此，大多數社會正是為了讓這樣一些人得益而建立的，這些人將以其孤獨來換取社會所提供的裨益。

不僅如此，為了替真正的優越性找到替代品（這種替代物很難碰上，即使偶然發現，也是令人難以忍受的），社會接納一種虛假的優越性，這種優越性本質上是約定俗成的，並且是以一任意規定的原則為基礎的，彷彿是一種傳之於較高層次的傳統，它就如同一道可供替換的命令一樣。不管什麼時候，這種優越性只要與真正的優越性發生衝突，其弱點便會暴露無遺。

一個人不可能與除他自身之外的其他人──甚至包括他的朋友抑或生活的伴侶──完全和諧一致。個性上的差異、氣質上的不同常常或多或少會引發衝突──儘管這種衝突可能是極其輕微的。

思想上的平靜、靈魂深處的安寧以及身體的健康，所有這一切都是世間所能給予的最大幸福，而這一切也只有在獨處中才能獲得。並且，這種平靜和安寧的恆常心境，唯有身處絕對幽靜之處才可能達到。因此，如果說人自身有什麼高

貴而有價值的東西的話，那麼這種生活方式本身就是在這個悲慘的世界中可能找到的最大幸福。

開門見山地說吧！不管友誼、愛情、婚姻的紐帶是多麼的牢固，一個人最終所能關照的也只是他自己的福利，至多還有他的孩子。通常來說，一個人與他人的關係越密切——不論這種關係是工作關係還是私交——他的生活就會越糟糕。孤獨和寂寞確實有其不利之處，但如果你不能突然感受到孤獨的不利，至少也要發現這種不利的存在。在這方面，社會是狡猾的：它使你與他人的社會交往顯得彷彿是一種令人愉快的消遣，它所造成的危害是巨大的，並且常常是難以彌補的。因此，應該讓年輕人從小就接受獨處的訓練，因為這是通往幸福和心靈寧靜的必經之路。

由此一來就導致了一個人如果完全依賴自己所擁有的財富，且只看重他自己，那麼他就能生活得十分幸福。對這種情況，西塞羅說：「一個人在這樣的條件下必定生活得很幸福。」一個人在自己心目中的地位越高，別人在他心目中的地位就越低。這是一種自我滿足的情感！正是這種情感限制了那些具有巨大個人價值的人去作相對的犧牲——這種犧牲是由個人與社會之間的交往所要求的——更不用說，一意孤行，真的自我克制了。普通人都是喜歡社交、討好的，這完全是另外一種情感。對於這些人來說，陪伴別人要比一個人

獨處容易得多，因而他們寧願與人相交。此外，在這個世界上，真正有價值的人得不到應有的尊重，而那些無足輕重的人卻備受賞識。於是，隱退也就成為一個人具有高尚品格的證明和結果，並且還將是那些自身具有某種價值的人所表現出來的真正的智慧。限制一個人的種種欲求——必須與同伴建立各種關係——並且，盡可能地使其與同伴疏遠，才能保衛或擴展其自由。

事實上，人都是喜歡群居的，這也就是說，他們有自己的社會。他們變得厭惡自己。正是這種精神上的空虛驅使他們與其他人進行交往。比如說，去外地旅遊。由於他們的思想僵化呆滯，所以試圖賦予它一些活力，例如透過飲酒以尋求刺激。有多少人僅僅因為這個原因而酣暢痛飲！他們一直試圖尋找某種能夠承受得起且最強烈的刺激來與他人共存，這就如同與自然和諧共存那樣。假如沒有達到這種境界，他們就會因不堪重負而沮喪衰退，墜入巨大的深淵之中。可以說，這樣的人只有些許人性碎片，需要將碎片結合成完整的人性，以達到正常人的思考模式。人，就其完整的意義而言都是出類拔萃的——不是分數，而是整數：他自身是完滿的。

幸福存在於我們自身，並非由外界獲得。所有的社交活動僅僅是為了滿足我們喜歡群居的天性。除此之外，我們並

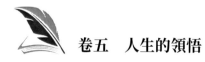

不能從社交活動中再獲得些什麼。相反，獨處更能讓我們品嘗到幸福的滋味。

幸福只是假像，不幸才是真實的人生

亞里斯多德認為：「賢哲所追求的不是享樂，而是源於痛苦的自由。」這句話的犀利之處在於指出了快樂的否定特徵 —— 快樂是痛苦的否定，而痛苦是人生中涵蓋的因素。

為什麼說痛苦是人生涵蓋的因素？我們可以取一個日常生活中的事例來證明。假定，我們除了身體的某個部位有一處傷口疼痛難忍之外，其他部位都處於良好的健康狀態，那麼這一痛處將會吸引我們的全部注意力，使我們失去那種安寧感或幸福感，並破壞我們生活的舒適度。相同的道理，如我們所做的事中唯有一件不盡如人意，那麼這唯一的缺憾將因我們目標的受挫而使我們陷入一種無休止的苦惱當中，哪怕它是一件微不足道的小事。我們將會因它而憂心忡忡，卻無暇顧及另外一些更為重要並且取得成功的事情。

以上這兩種情況所遇到的阻力就是意志。在一種情況下，意志體現在機體中；而在另一種情況下，意志則又展現於生存競爭中。很顯然，在這兩種情況下，意志唯有暢通無阻、隨心所欲，才可能得到滿足。因此，意志的滿足是這樣一種滿足，它無法直接感受到，最多在我們思考自己的境況

時才能逐漸意識到它。但是，妨礙或阻止意志行為的是某種現實的東西，這種東西透過阻礙意志而存在，只有當我們思考自己的境況時才能逐漸意識到它。唯有剷除這種障礙──換句話說，唯有使我們擺脫它的控制──才可能得到一切快樂。因此，快樂是這樣一種狀態：它只是暫時的、稍縱即逝的。

因此，我們不應將獲得舒適愉快的生活當成追求的對象，而要盡量避免生活中的不幸，直驅我們的真正目標。如果這不是一條正確的道路，那麼伏爾泰的名言「幸福不過是一場夢，不幸才是真實的」也同樣是錯誤的。然而，事實上它卻是正確的、真實的。一個人若想編寫他自己的人生之歌，並確定其一生中幸福在哪裡，那麼他在書中所描述的必然是他曾經逃避的不幸，而不是他曾經享受的歡樂。這就是幸福論的方法。因為，所有的幸福論都必須認知到它不過是一種委婉的說法，理解到「幸福地生活」僅僅意味著「少一點不幸的生活」，亦即過著一種堅忍的生活。

無疑，生活賦予我們的任務並非是讓我們去享樂，而是讓我們去抵抗──戰勝厄運。對此可以用眾多不同的表達方法來說明。

在古代，想到生活和勞累就要結束，忍耐到了盡頭，這確實是一種寬慰。最大的幸運不是享受猛烈的狂歡和巨大的

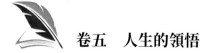

喜悅，而是沒有任何劇痛地（無論是肉體上還是精神上）落下生活的帷幕。

　　以一個人生活的舒適程度和愉快與否去衡量他是否幸福，本身就是一種錯誤的行為。因為愉快不僅現在是而且今後也仍然是具有負面性質的東西。認為幸福來自於舒適和愉快，這是由妒羨而產生的一種誤解並將受到懲罰。感覺到的痛苦是某種真實存在的東西，因此，這種痛苦的消逝才是幸福真正的樣貌。假如我們擺脫了痛苦的折磨，也沒有令人煩惱的心事，那麼也就獲得了世俗所指的幸福的最根本的條件，至於其他一切都是虛假的夢幻。

　　由此可見，一個人絕不應該以犧牲痛苦為代價去獲取愉快，或者為了收穫愉悅而冒險去招致痛苦。這樣做實際上正是在追求某種否定的和虛幻的東西，而犧牲愉快以避免痛苦才是有百利而無一害的。

　　愉快先於痛苦，抑或痛苦先於愉快，這是兩種截然相反的情形。試圖將悲慘的境地變成幸福的樂園，竭力追求歡樂的愉快而不是躲避痛苦，這實在是自然秩序的顛倒。但是，有多少人恰恰是這麼做的？將世間看作地獄，只求獲得一席立足之地，這卻是不乏智慧之光的悲觀論點。傻瓜才對生活的愉快緊追不捨，卻發現自己受了愚弄。智者力圖避免傻瓜的厄運，雖然他小心翼翼，但仍遭遇不幸，這種不幸是命運

之神的安排而非他自身的過錯。就他自己努力獲得了成功而言，也不能將他的生活置於夢幻之中，因為他所遭受的不幸是極真實的。即便他遠遠地躲開以避免不幸，並對愉快作了不必要的犧牲，事實上，他仍然未能因此而逃避厄運。因為一切愉快都是虛幻的，哀嘆愉快的逝去，是一種毫無意義的甚至荒謬可笑的行為。

沒有明白這條真理（由樂觀主義導致的失敗）是導致許多不幸的根源。在沒有痛苦的時刻，我們無盡的貪念出現了 —— 彷彿在鏡中一般 —— 一種幸福的影像，這種幸福現實中是無可比擬的，它誘使我們去追尋它。一旦我們受它誘惑便會招致痛苦的降臨，這是不爭的事實。最後，我們終於遺憾地面對已經錯過的無痛苦狀態，它是我們曾經輕易放過的伊甸園，它不再屬我們，我們只能虛妄地渴求這發生過的一切再重新開始。

也許有人會認為這些充滿貪念的幻想是某種邪惡精神的作品，是為了將我們從無痛苦狀態 —— 最高幸福 —— 誘導離開而設想的。

一些粗心的年輕人總認為來到世界就意味著來享樂，彷彿世界上真實的幸福比比皆是。然而，恰恰是這些人往往得不到幸福，因為他們的才智尚不足以使其戰勝生活道路上的各種困難。當他閱讀富有詩意和浪漫主義的作品時，那種觀

念便牢牢地在他的心靈中扎下了根，實際上他被外部世界的現象欺騙了——這個世界具有徹頭徹尾的虛偽性。結果，他的生活或多或少總要尋求那現實的幸福，而且他所理解的幸福不過是一串確定的快樂。在追尋這些幸福的過程中，他遭遇了危險——一個不應被忽略的事實。他搜尋著那些並不存在的獵物，於是遭受了種種真實的不幸——苦痛、窮困、疾病、失敗、匱乏、憂煩、恥辱以及人生中其他一切艱難困苦。他終於識破了矇騙他的命運的惡作劇，然而，為時已晚。

　　但是，如果選定一種以避免痛苦為目標——換句話說，為預防以各種形式出現的希望、疾病和煩惱起見——的人生計畫，則目的是真實的。一個人的計畫越是不為追求現實幸福的妄想所侵擾，實現的可能性便越大。歌德在《親和力》中有同樣的觀點，在那裡，歌德透過米德勒——一個總是試圖為人取樂的人——的嘴說出了下列這段話：「駕馭厄運的欲望是一種確定的目標，但是貪心不足則是愚昧無知的。」此外，有一則法國諺語也表達了同樣的道理：「適可而止」，亦即勿畫蛇添足。事實上，如果痛苦並非與快樂密切相關，那麼又是什麼驅使犬儒學派拒斥任何形式的享樂呢？對於他們來說，遠遠躲開痛苦要比獲取快樂容易得多。由於快樂的否定本性和痛苦的現實性給他們留下了如此深刻的印象，

幸福只是假像，不幸才是真實的人生

以至於他們持續不斷地竭盡全力以逃避痛苦，根據他們的看法，達到上述目的第一步是完全地、慎重地拒斥快樂，因為這種快樂只是為了讓他們落入痛苦的深淵而設置的陷阱。

正如席勒所說，我們出生在一個到處充滿著要求得到幸福和快樂的呼聲的世界，並且抱著更加美好的夢想。然而命運照例迅速地讓我們大致明白，我們真正一無所有。而命運則因其無可爭辯的權力統治著世界上的萬事萬物，不僅支配著我們希望得到的一切 —— 妻子、兒女 —— 而且支配著我們的肢體，我們的胳膊、腿、眼睛、耳朵，甚至我們臉中間的鼻子。但是，不久，經驗又告訴我們，幸福和愉快實質上是一座海市蜃樓，可望而不可及；與此相反，不幸和痛苦才是實在的，無須任何媒介，我們便能感受到它的存在。由於它的作用，我們才陷入不必要的幻想中或編織起愚蠢的希冀之網。

如果教訓能讓我們明白其中的道理，那麼我們很快就會放棄對幸福的追尋，轉而更多地考慮怎樣防止或避免痛苦和不幸對自我的襲擊。我們看到，世界上不得不呈現的最佳境況是一種遠離痛苦的存在 —— 一種寧靜的、說得過去的生活。並且，就我們更有希望實現的事物而言，我們的要求也僅限於此。要想讓生活不至於太悲慘，最可靠的辦法就是不要期望太大的幸福。默克對此深有感觸，因此他這樣寫道：

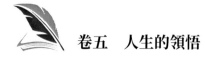

「正因為人們要求獲得幸福，才鋪設了一條悲慘的、多少與他們的欲望相一致的悲慘道路 —— 它讓世界上一切事物都趨於毀滅。一個人如果能放棄對幸福的要求，除了眼前所能看到的事物，別無他求，那麼他將獲得成功。」因此，適當地限定我們對快樂、財產、地位、榮譽等的欲望是適宜的，因為正是這種欲望 —— 希望獲得幸福、讓生活充滿歡樂 —— 引起了巨大的不幸。假如僅僅由於導致不幸的生活太容易，而得到幸福又不僅確實困難而且幾乎不可能，那麼放棄對幸福的要求則是慎重而明智的。最寶貴的生存智慧便是選擇中庸 —— 生活怡然，不為住所簡陋的困窘所擾，不致成為人妒羨的對象。正如「木秀於林，風必摧之」，遭雷電擊中的是最高的頂部一樣，轟然傾覆的也是高聳的塔樓。

我們每個人都知道，整個「存在」是某種變化無常的，因此還是「不存在」為好的東西，而最高的智慧便是拒絕和否定。因此，我們對生活中的任何事物都不應抱有過多的期望，既不要對世界上的任何事物傾注過多的熱情，也不要在事業遭遇挫折時感到過度的悲哀。我們一定要感悟到柏拉圖的話所道出的深奧哲理，柏拉圖說：「沒有一件人間俗事值得我們為它牽腸掛肚。」或者如波斯詩人所說：「即使世間萬物從你手中逃走，也不必為此悲傷，因為它們一文不值；即使世界在你手中，也不必為此高興，因為世間萬物毫無價值。

既然更美好的世界已賦予你，那麼，過去的事就讓它過去吧！因為它毫無價值。」

　　阻礙我們按照這些有益觀點行事的主要障礙在於世間的虛偽，這是一種應該及早了解的虛偽。世上大部分榮華富貴都不過是外部世界的表象，就如同舞臺上的場景一樣 —— 沒有什麼東西是真實的。在輪船剪綵時，總要懸掛燕尾旗、點燃蠟燭、敲鑼打鼓、歡呼、鼓掌 —— 所有這些都是外部世界的記號、虛飾和暗示，就好像難解的象形文字一樣。然而恰恰是在這裡，我們通常尋找不到歡樂，歡樂只是在節日裡降臨的貴客。唯有在這裡才能真正發現這位客人，它常常不期而至，並且常常又不打招呼便悄然離去。它總是出現在極不重要的尋常狀態下和最普通的交往之中 —— 簡而言之，除了那些非凡顯赫之處，歡樂可以出現在任何地方。歡樂如同金礦裡的黃金，只能透過反覆無常的機遇而不是什麼法則或規律，不時地被發現。並且，最常見的是微小的晶粒，極少見到成堆的大塊。之所以在此描述外部世界呈現的一切，只不過是試圖讓大家相信那是喜慶節日中的歡樂，這種歡樂使人深信不疑，以為它就是現實中的所有歡樂。

　　至於老人去世後親人所表現出來的悲傷，也完全是假的。長長的送葬隊伍如此緩慢地蠕動，看來是那樣的淒慘哀戚！還有那一眼望不到頭的馬車！然而，仔細地打量一

217

下 —— 那全是假的，馬車夫是死者進入墓地的僅有的送葬者。好一幅世間友誼和尊重的畫面！這便是人類俗事的虛假、欺騙和偽善！

再舉一個例子：滿屋盛裝的賓客受到了極為隆重的款待。你幾乎相信這是一個高雅的社交場合，但是這些賓客事實上都是迫不得已、痛苦和煩惱的。因為，在這類場合，很多人都是應邀而來的，都是一群烏合之眾 —— 即便他們個個衣冠楚楚也是如此。真正優雅的社交場合無論在哪裡其規模都很小，而在那些奢華嘈雜的宴會上，只會使人產生一種空虛感。有一種錯誤的觀點，即認為這樣一種聚會與我們生存的痛苦和無聊形成了一種奇特的對比，這種對比使真實的生存處境變成了更大的寬慰和調劑。上述聚會還得益於外部世界，並且這正是他們的目的。商福特得出了一條著名的論斷：社交 —— 社交圈、派對、應邀聚會 —— 都是痛苦的遊戲、拙劣的表演，本身沒有絲毫趣味性，在它的背後是某種偶發的念頭、習俗和背景。

哲學講座和學術團體也同樣如此。你可以在室外掛個招牌，說智慧在此。然而，智慧是一位不請而至的客人，你可以在任何地方發現她。

世界上的萬事萬物就像一個無仁的核桃，到處不見一點果仁，並且即使它真的存在，你也仍然不可能在殼中找到

它。你可以到別處去尋覓，然而通常只有碰巧才能找到它。

　　所謂的幸福純屬海市蜃樓，是人們為了欺騙自我所創造出來的產物。正因為他們認定有真正的幸福存在，所以不惜勞神費力地追逐，並為之痴迷。事實上，幸福純屬假像，不幸才是真實。我們只有明白了這一道理，才不至於跌入世俗的欲望中，備受折磨。

別為俗事過度操勞

　　我們應該明白，生活的幸福與否不是以財富的多少決定的──為了獲得大家所認定的幸福，我們必須做到一點，那就是不能要求過多，因為建立在欲求過多這樣一種基礎上的幸福最容易遭到破壞。原因是偶然事件經常提供了許多機會來破壞幸福，而偶然事件又經常發生。

　　因此，對生活抱有種種期待並精心籌劃──不論採取何種方式──都是最可笑、最常見的愚行之一。首先，這種期待或籌劃是希望長壽，亦即活到自然賦予他的最後年限，然而這一期望實在太過渺茫了！而且，即便達到了可能的壽命，對於一個已經作好種種籌劃的人來說仍會嫌其過於短暫，因為要將它們完全付諸實行，所需要的時間要比起初設想的時間多得多。何況在生活的道路中還有多少災難和障礙！人類事務中能夠實現的目標實在太少了！

最後，即使目標實現，時間使我們產生的種種變化已在我們身上留下了障礙：我們的能力——無論是進取還是享樂——是不能持續終生的，而我們卻忘記了這一點。所以，我們常常為之操勞的事情，一旦得到它們，它們便不再適合我們了。而且，我們在籌劃某些事務時所耗費的時光，使我們不知不覺地喪失了將這些事務進行到底的能力。

人們經常會看到這種情形：一個人遭受了極大的苦難和疾病的折磨之後便無法再享受到健康的快樂了，他的工作成果被他人據為己有；或者，他曾為之辛勞和奮鬥多年而獲得的地位自己卻不能擁有。命運對他太無情、太殘酷了，與此相應，他的運氣太差了。例如當他想要有所成就時，也就是說，想在藝術或文學中取得成績的時候，大眾的欣賞口味卻又發生了改變；新世代又已經成長起來，他們對他的作品沒有絲毫興趣；還有一類人更是後來居上者，超越了他。當賀拉斯為一切忠告均無效而深感遺憾時，這些一定是他早已預見到的生活的嚴酷現實：「為何因小利而耗費精神？」

之所以會有這種最尋常的愚蠢行為，其原因在於人們由於自身的遭遇而產生了一種精神的幻覺，使生命在其開始之時便顯得如此漫長，而一旦人們行將就木，回首往事之時，它又顯得如此短暫！有時，幻覺有某種好處，但卻無益於任何偉業。

人生如同一次旅程 —— 對未來的希望與其最終的結果是大相徑庭的，當人們接近目標時，它又發生了變化。這便是所發生的一切，尤其是當我們滿懷各種期望時所發生的一切。此外，我們還常常發現其他一些東西，甚至可以說是某種比我們所期待的要更加美好的東西；可以透過不同於那條將我們引入徒勞追尋的歧途的另一條道路，發現我們所渴求的東西。我們將得到經驗和知識 —— 而不是像我們曾經期待的那樣，發現幸福、愉悅和歡快 —— 這不是轉瞬即逝的、虛幻的，而是真正的、永恆的祝願。

有一句俗話說：「計畫趕不上變化。」簡單的幾個字包含了深奧的哲理。世間任何事情都充滿了變數，當你以為自己的計畫完美無瑕，美夢能得以成真時，外在環境卻早已發生了變化，這種變化將在你追逐夢想的過程中給你製造障礙，直到讓你的夢想最終成空。

不告訴敵人的事，也別告訴朋友

對任何人都不要過於溺愛和仁慈。你完全可以將它視為一條人生信條：朋友向你借款，你斷然拒絕，這並不意味著你會失去這位朋友。出於同樣的理由，你並不希望由於你行為舉止的驕傲與粗心而疏遠別人。但是，如果你對他人過於友善和殷勤，那麼你就會促使他們變得妄自尊大、令人難以

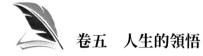

忍受，最終將使你們的友誼出現裂痕。

　　如果有一天你突然變得不再仁慈，那麼你的行為會讓那些人心理失去平衡，因為他們認為你是依賴於他們的。於是，他們便會以蠻橫無禮、盛氣凌人的態度對待你。事實上，有這樣一些人，當你與他們交往時，你會發現他們是如此粗魯野蠻。例如你偶然與他們推心置腹地談論一些心底的祕密時，他們立刻會自以為能夠隨意傷害你，並且試圖違反社交規則。這就是為什麼你願意與之結交的人如此之少的原因，並且也是為什麼你應該避免與庸俗之輩交往的原因。假如一個人最終能理解到他人雖然依賴自己，但自己更依賴於他人，那麼他立刻就會感到彷彿他人從他那裡偷了什麼東西，他將會竭盡全力報仇雪恨。在與他人的交往中，唯一能夠達到超然境地的方法是讓人們了解到你是獨立於他們的。

　　根據以上觀點，你所認識的每一個人——不管是男人還是女人——經常感到沒有他們你同樣能生活得很好，這種做法是非常明智的，它將會讓友誼更加牢不可破。甚至，在你與他們的交往中，你偶然流露出一絲輕蔑之意也無關緊要，那樣會讓他們更加珍視你與他們之間的友情。正如一則義大利格言所說：「輕視他人，為了贏得他人的尊重。」但是，假如我們真正極為尊重一個人，那就應將這種想法視為一種罪惡，而將其隱藏起來。

　　對於隱私，你一定要保密，在這一方面，對你的熟人——即便你們的關係異常親密——要與對一個完全陌生的人一樣，只能讓他們知道他們可以看見的東西。因為，隨著時間的流逝、環境的遷移，你將會發現即便讓他們知道有關你的最無傷大雅的事，對你來說都是極為不利的。

　　況且，通常來說，沉默寡言要比高談闊論更能顯示你的聰明才智。因為，沉默是老成持重的表現，而多言則給人以輕浮、自負之感。一個人展示這兩種特性的機會相同。但是，大多數人都更願意享受暢所欲言帶來的瞬間滿足感，而不願意選擇保持沉默，讓自己經常受益。

　　一個精力旺盛的人，總喜歡從高談闊論——儘管並沒有人在認真聽——中體驗到一種寬慰，此種做法雖無可非議，但不應沉湎於其中，更不要把它變成一種習慣。因為，思想正是藉此種途徑而與言談建立極其友好的關係，而談話很可能變成一種出聲的思想過程。一個人要做到老成持重，就必須在所思與所說之間設立一道恰到好處的鴻溝。

　　我們經常以為人們根本不可能相信冒充我們的騙子所說的話，其實，他們根本沒想到要去懷疑那些假話。但是，假如我們提供一個機會讓他們來懷疑，那麼他們會發現想要再相信那些話是絕對不可能的。我們時常經不住誘惑而洩露一些事情，僅僅是因為我們猜想人們不會注意它們——這情

形就像一個驚慌失措的人，或者說他以為他無法再堅持站穩腳跟，而從高處摔下來一樣。他的處境所造成的苦惱如此巨大，以至於他認為最好是立即結束現狀。這是一種被稱作「懼高症」的精神錯亂。

　　然而，我們不應該忘記的是，人們在那些與他們自身有著密切關聯的事情上表現出來的精明，在其他事情上卻沒有表現出絲毫的敏銳。這是一種為大家所熟知的代數學：給他們一種據以判斷的事實，他們就能解決最複雜、最難懂的問題。因此，假如你想講述一件很久以前發生的事情而又不提任何名字，或者詳細描繪某些你所喜歡的人，那麼你就應該注意不要在你所講述的事件中加進某些明確的事實──無論它多麼遙遠，也不論它是某個特定的地方還是某個具體日期，或是僅在很小範圍內才涉及某人的名字，或者其他任何與此事情有哪怕極細微關係的事物──因為那立刻會給人們提供某種實在的東西以進行判斷，並且他們會借助代數學的幫助，最終發現其他一切。他們對這些問題的好奇心會變成一種熱情，他們的意志驅策著他們的理智，不斷地追尋著答案，直到得到自己想要的結果。因為，無論人們對普遍真理多麼興味索然，卻對具體細節的描繪表現得異常熱切。

　　留意生活，我們將會發現凡是自稱能教人以人生智慧者，無一不極力推崇實踐沉默寡言這一訓誡，並列舉各種理

由證明這一點。一定要記住：「不告訴敵人的事，也別告訴朋友。祕密受我監管，我為主人；祕密遁我而去，則我為囚徒。緘默之樹結出寧靜和平之果。」

要謹言慎行，不隨便發表觀點。聽不進別人意見的人與禍從口出的人都只會招致厄運。只有多聞慎言，多見闕殆，凡事心中有數，不輕易吐露內心心事者，才能更好地做人做事。

友誼如同貨幣，存在正反兩面

正如虛假的紙幣而非真正的硬幣在世界上流通一樣，誠摯的敬意和真正的友誼也有可能出現虛假的替代物，有時我們以為得到了友誼和尊重，其實這僅僅是一種假像。

真誠坦率的友誼是以一種對他人的幸福和痛苦所表示的強烈同情心為前提的，這種同情本質上是純粹客觀、沒有任何私心的，這反過來又意味著自我與友誼對象之間的一種絕對的同一性。人的本性中這種自我中心主義是如此強烈地對抗著諸如此類的同情心，以至於真正的友誼似乎只屬於那一類東西 —— 例如海蛇 —— 關於牠們，沒有人知道牠們只是神話傳說裡的東西，還是真的存在於某個地方。

此外，在多數情況下，人與人之間的交往中時常呈現出真誠坦率的關於友誼的某些蛛絲馬跡，然而通常說來，某種隱藏的個人利益仍然是其基礎，而這種個人利益只不過是形

形色色的利己主義的其中之一。但是，在萬物皆完美無缺的世界上，這種真實情感的跡像是一種使人淨化的力量 —— 它能借助給予那些關係以友誼的名譽而發揮其作用，因為它們遠遠高於人類中流行的那種普通的友情。後者是這樣一種情感，即如果你聽說自己要好的朋友在背後對你說三道四，你絕不會予以任何回擊。

　　姑且不說，假如你的朋友打算為你作出巨大犧牲才是在真正的幫助你，那麼檢驗他的真情實意的最好辦法莫過於讓他獲得你已發生不幸事件的消息。此時，他的面部表情或者顯示出對你的真實誠摯的同情，或者會無動於衷、漠然置之，或者流露出並非同情的某種感情。有一句眾所皆知的著名箴言「人們總是對朋友的不幸感到幸災樂禍」便得到了證實。的確，在此時此刻，所謂的朋友常常會情不自禁地流露出一種不易察覺的冷笑。除了把你最近遇到的麻煩和困難告訴他們，或者毫無保留地向他們袒露你的個人隱私以外，你幾乎沒有什麼更好的辦法能保證讓他們高興起來。這就是人類特有的本性！無論你多麼不願意承認，疏遠和長時期的分離總要損害友誼。那些我們無法見面的朋友 —— 即使是我們最親密的朋友 —— 雖然也時常縈懷於心中，然而時過境遷，隨著時光的流逝，這種牽掛將會逐漸淡漠，並且最終會變成一種抽象的概念。我們對他們的興趣也越來越理智，甚至僅

僅作為一種慣例而維持下去。

同時，我們對那些不斷地出現在眼前的新事物卻抱有強烈而濃厚的興趣，儘管他們只是些供人玩賞的小東西。這些都無不顯示人們的情感天地是多麼的狹小，歌德在《托爾夸托·塔索》中關於當下的評論尤為準確：「當下乃是一位威力無比的女神。」

你的朋友總會向你表白他們是多麼的真誠，你的敵人也同樣如此。將敵人的責備當作一帖靈丹妙藥吧！它會使你更有自知之明。

常言說得好：「患難之時見真情。」酒肉朋友不交也罷。對待朋友的態度就應該如古人所說：「結交要像長流水，莫學楊柳一時青。」如此，你才可能有生死之交的摯友。

透過容貌洞悉人的內心

人的內心活動往往會經由外表得以表現，而容貌則表達並揭示了人的整個性情特徵。我們立論的基礎就源於此，而這個根據是很充分的，因此我們的推論應該是正確且穩妥的。人們總是懷著濃厚的興趣觀看那些大善大惡或成就非凡事業的人，假如沒有見過這樣的人，對於他們的事蹟聽別人說也是好的。因此，人們總是喜歡聚集到這些場所，盼望著能見到讓他們感到愉悅的人。在日常生活裡，人們偶爾遇到

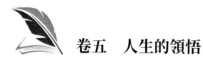

一個人就會對他的容貌作出主觀的評價，力求從外部特徵判斷他的才智和道德品格。假如依照某些愚蠢的人的想法，一個人的外表無足輕重，那麼面相學就沒有絲毫意義了。

人的容貌就如同象形文字一樣，是可以破譯的。這種象形文字的字母表我們已經掌握得足夠完善了。人的容貌相對他的嘴來說更能告訴我們更多豐富有趣的事情，他的容貌包含了他要說的所有事情，並攝入了他的思想和努力。語言僅僅能告訴我們一個人的思想，而容貌往往傳達了自然本身的思想。如果我們去觀察所有的個體，就會產生更大的美，那是更高級、更普通的自然概念。

美之所以這樣迷人就是因為這個原因，美是自然的基本思想，而個體只是附屬的思想，只是一種必然的結果。

人們通常不由自主地依循以貌取人的原則，這個原則是對的，只是應用起來並不簡單。應用這一原則的技巧，部分屬天生，部分取決於經驗，誰也不敢輕言在這方面駕輕就熟，即便閱歷豐富的人也難免出差錯。容貌無法欺騙我們，即便我們讀到了一些在容貌中原本並不存在的徵兆，那也是自欺欺人。

破解人的容貌是一門很深奧而高超的藝術，如果我們不能抽象地了解面相學的原則。要想成功地觀看一個人的相貌，首要的條件是保持純粹客觀的觀點，這顯然是一件不容

易的事情。因為帶有任何輕微的主觀色彩，不管是厭惡還是偏愛，抑或是夾雜著恐怖或希望的元素，甚至是我們自己對觀察對象的任何抽象觀念，都會讓要破譯的文字變得混亂不清。只有沒有理解語言的人才能真正欣賞語言的發音，只要想著詞的含義，就不會注意符號本身。

只有給陌生人相面才會作出正確的判斷，而且不是經常遇見這一容貌，對其容貌不太熟悉，也沒有人與他作過交談，這樣才不會出現偏差。嚴格來說，只有第一觀感才能提供純客觀的評價，而這種客觀的評價是破譯他人性格特徵的必備條件。氣味通常只有在剛接觸時才會對我們發生作用，酒只有第一口才能讓我們品嘗出真正的滋味。同樣，也只有初次相遇，人的容貌才能給我們充分的印象。因此，我們應該特別留心第一印象並慎重地予以解釋。如果一個人對自己的看面相的功力非常有自信，又認為從他人臉上發現的特徵意義重大，他就可以將這些記錄下來。雖然隨著以後的交往和彼此之間越來越熟悉會讓人忘記這第一印象，但總有一天時間會證明過去的謀面是否正確。

通常，第一印象往往是不好的。因為大多數人的容貌實在太令人厭惡了！只有很少數人相貌俊美、稟性善良且充滿智慧。我們有理由相信，任何一個感覺敏銳的人在見到一張新面孔時，幾乎沒有不表現出近乎驚愕的，其原因就在此，

這些都是由一些令人厭惡的元素組合起來的新奇的嘴臉。說實在的，那樣子真是讓人遺憾。有些人臉上打下了深深的烙印，表現出一種粗鄙野蠻的性格。人們可能十分奇怪，他們在公共場所為何帶著這樣一副外表。有的面孔只要看上一眼就會令人生厭。有些人因為所享受的特殊地位，讓他們過著遠離凡塵的隱居生活，以免看見陌生的面孔後產生痛苦。從形而上學的角度來解釋這種情況，根據在於：人的外表正是根據人的個性刻畫的，人的外形被鑄造得和個性極為相似。

假如要從心理上解釋，那就很容易說服人。試想那些除少數情況外一生中都無高雅思想，而且行為粗俗自私、性忌好妒、滿懷邪惡欲望的人，又能指望他們有什麼樣的相貌呢？如果人有了這樣的思想和欲望，歲月的磨礪就會在其相貌上留下種種痕跡，隨著時間的流逝，這種性格就會在其臉上刻下明顯的皺紋和斑點。因此，大多數人的外表讓人一眼望去頓時心生厭惡驚愕之感，只有在經過一段時間，漸漸看習慣，在相互熟悉後，這種印象才會變得麻木遲鈍，他的醜陋也不再對我們產生作用。

美麗的外表是歲月刻畫的結果，由於臉部肌肉無數次不斷地收縮、舒展，慢慢地就表現出性格特徵來，這就是逐漸形成理智的外貌的緣故。只有到了晚年才智卓絕的人會出現很明顯的外貌特徵，在青春期只是略微顯露出一點跡象。第

一眼看上去就讓人感到驚訝的臉孔是慢慢形成的，只有第一眼才能看到他人臉上真實完整的意義。因為要得到純粹客觀的印象，我們就必須和被觀察的人沒有任何關聯。如果可能，我們盡量不和他們交談。因為所有形式的交談都可以證明我們產生親切友好的感覺，而一旦彼此之間產生了主觀感覺，就會對形成客觀的感覺帶來不良影響。因為人都想努力為自己贏得敬重和好感，人一旦發現被人觀察，就會馬上用各種自己所擅長的手段來喬裝自己，也會因此而變得矯揉造作、偽善和曲意奉承，這樣就能迷惑我們的視聽，所以最初得到的清晰印象瞬間就會消失得一乾二淨。

有一句俗話說：「日久見人心。」我看還不如說「時日越久越容易受到欺騙」。直到後來某人惡劣的品行徹底暴露無遺時，我們起先的判斷才能得到證實，那時我們才會對這類人表示蔑視。或許「進一步了解」並不是友好的一類。有些人之所以能經由較長時間了解而有所發現，原因就在於他給我們的第一印象是在警告我們，我們在和他交談時，不只是他的性格，連同教養都會完全暴露在我們眼前。不僅如此，他的本性，乃至凡人都有的東西都會得以展現。他所說的話有 3/4 並不屬他自己，而是來自他從中獲益的外部，如果我們再深入了解，他臉上所有的獸性就會徹底地表現出來。

假如有人對面相非常敏銳，他就應該詳細記錄在深交之

前就已經作出的判斷，這種判斷是真實可信的。人的面孔正是其本質的表現，假如他騙了我們，那不是他的錯，而只能怪我們學藝不精，錯在自己。人的語言只是他思想的摹本。此外，我們和他交談時或聽他和別人交談時，並沒有真正注意過他的容貌，我們忽視了本質的東西和基本的素材，在交談時我們感興趣的往往是其特徵、表情，有時甚至只注意到了其好的一面。

有一位年輕人被引薦給蘇格拉底，請蘇格拉底鑑定他的能力。蘇格拉底說：「請你說話，以便我看清你。」蘇格拉底使用「看清」而不說「聽見」這個詞是有道理的。因為只有在交談時，一個人的表情，尤其是他的眼睛才會變得十分靈活，如此一來，個人的才智和一些其他能力就會透過外表顯露出來。這樣，我們就可以立刻看清他的才智處在一個怎樣的水準，這就是蘇格拉底的目的。在這種連繫中，我們所觀察到的，不僅僅是人的道德品性，還要更深些。根據他的外表所得到的客觀看法，我們會因說話者放進我們思想中去的主觀成分而失去，即便是輕微的偏心，也會令我們無法進行不偏不倚的觀察。從這個觀點看，也許這樣說更恰當些：「請不要說話，以便我看清你。」

想要透過面相學對人的相貌進行分析，應在他獨自一個人的時候進行觀察。在社交和交談時表現出來的往往並不

是真實的自己，這種情況下他的所作所為通常是對自己有利的，他的行為及其反應都是受人支配的。當他一個人獨處時，就會陷入自己的思考模式中，流露出最真實的性情。這時，對於觀相者來說，只需要一瞥就可以掌握他的整體的性格特徵。因為他的臉流露了他全部的思想和欲望，表達了他頑固的命運及他孤獨時所具有的意識。

面相學是了解人類學問的一種很有益處的工具，因為人的面孔是人們難以施展掩飾才能的地方。只有在被觀察者獨自一人完全陷入思考時，我們和他進行交談前或許才能從面相學上看到他簡單純粹的相貌，其理由也就在這裡。一旦交談就會迅速滲入不自然的因素，他也可能使用他所熟悉的一切坑蒙人。另外，還有部分原因在於，如果彼此之間相互接觸，即便是最輕微的摩擦，也會產生某種傾向，由此而迷惑觀察者的判斷。

就一般的面相學來說，人的才智比人的道德風範更容易觀察。人的才智更為外在，它可以透過人的面貌、表情以及步態看出，甚至可以說在任何細微的動作上都能反映出來。我們從人的背面就可以分辨出此人是傻瓜還是聰明人。傻瓜往往反應麻木遲鈍，動作緩慢，所有的姿態都顯得蠢笨。而聰明勤奮的人往往表現機靈，行動迅速。所以，拉布呂耶爾也評論說：「無論我們的行為多麼微妙、簡單或不知不覺，我

們都無法隱瞞自己。愚蠢之人，無論是來去、坐立、沉默或舉動都和聰明人存在明顯的不同。」

愛爾維修認為，普通人具有辨別天才且有迴避他們的本能。

人的意識活動為什麼會讓我們產生疲勞？原因在於人的大腦也會有疲勞感，就如同大腦有痛苦感一樣，意識的活動會讓四肢疲勞，因此意識運動會導致睡眠。

那些不是由大腦掌控的運動不會產生疲勞感，我們身體各器官的無意識活動，如心臟、肺腑的運動，即便連續不斷地運動也不會產生疲勞感。思想也和人體器官的運動一樣，起源於大腦的機能，大腦活動的特性也和個人的生理構成是一致的。愚蠢的人活動起來像木偶一樣，而聰明的人，他的任何關節都富有表現力，顯得很靈巧。

人的容貌比姿態和運動更能表現才智，腦袋的形狀及其大小，臉部肌肉的伸縮和變動，都能表現才能。特別是眼睛，有的人眼神渾噩汙濁、黯淡無光、小如鼠目，而擁有智慧的天才通常都是雙眼炯炯有神、神采飛揚。

儘管有些人感覺敏銳，行為深思熟慮，也屬出類拔萃之人，但他們和天才相比，還是存在一定的差別。前者服從於意志，而後者卻是自由的。

因此，人們可能會相信李奧納多·布魯尼（Leonardo Bruni）在《佩脫拉克傳》一書中記載的一則軼事。這個故事原出於約

瑟夫‧伯利維烏，他和詩人佩脫拉克生活在相同的時代。有一次，佩脫拉克和一些高貴的紳士來到維斯孔蒂（Visconti）的宮廷，維斯孔蒂問他兒子，誰是這裡最聰明的人？這孩子環視人們，馬上拉著佩脫拉克的手，把他帶到父親跟前 —— 這個選擇讓在場的人無不折服。大自然把高貴的記號清楚地刻在了天才的臉上，就連孩童也能一目了然。

因此，在此我要勸告明智的人，要是他們大肆吹噓，鼓吹某位很平庸的人若干年後會是一位偉大的天才，就不要選那長得跟啤酒店老闆一樣的人，有位哲學家就是那種長相，大自然在他臉上打下了「凡夫俗子」的烙印。

對他人的才智作出判斷並不適用於人的道德價值。分辨人的道德品性比分辨人的才智更為困難。由於這純屬形而上學的範疇，因此它比人的才智要深刻很多。

道德品性是和人的生理器官相連繫的。但心智能力與人體器官或某系統的某些部分的連繫要更直接一些。

許多人都會表現出一副很聰明的樣子，以尋找機會展現自己的才智，把自己的才智當作一種自我滿足的東西，但他很少暴露自己的道德價值，大多數人都會有意識地掩飾自己的道德品性。並且，由於大量的實踐，使得人們偽裝自己的本事更加高明。卑劣的思想和毫無價值的努力逐漸在他們的臉上，尤其是在他們的眼睛裡打上深深的烙印，所以，斷定

一個人能不能寫出不朽的著作容易，但要斷定他會不會犯下滔天罪行就難了。

天性極富偽裝才能的人也很難控制自己的表情容貌，因此「喜形於色」這個詞才得以被瘋狂的使用。一個人可以成功地策劃驚天動地的陰謀，內心的想法卻很難不溢於言表，表情容貌很容易出賣你。

了解自己是最大的福分

建造一所房子的工人可能對這所房子的整體規畫一無所知，或者，至少他沒有時刻考慮房子的整體規畫。對於一個人來說也是如此，在其生命時光的流逝中，很少將生命當作一個整體來考慮其特徵。

如果一個人的生涯中有某種價值的或重要的東西，如果他為某項具體工作而煞費苦心，那麼，不時地將注意力轉向其生活或工作的規畫亦即它的一般輪廓的縮影，不僅更為必要，而且也更為適宜。當然，要做到這一點，他必然要運用「了解你自己」這句格言，他也必須深刻了解自身的技藝。他必須明白，生活中最主要、最真實的目標是什麼。也就是說，為了得到幸福，他最需要的是什麼。並且，在他的思想中依次占第二、第三位的目標是什麼。他必須明白，總體上，他的天職是什麼，他應盡的責任是什麼，以及他與世界

的一般關係是什麼。如果他對自己的重大工作有了一個大致規畫，那麼，只要對其生活藍圖瞥上一眼，就能激勵他，讓他變得高尚和完滿，使他避免走上錯誤的道路。

正如一位登高的旅行者，只有征服腳下蜿蜒曲折的道路，攀登到頂峰，才能一覽眾山小，只有當我們走完人生旅途中的某個階段時，才能認清我們全部行為之間的真實連繫 —— 我們做了什麼，得到了什麼。只有那時，我們才能明白精確的因果鏈條和我們一切努力的價值所在。因為，只要我們事實上沉湎於日常的生活瑣事，我們就總是按照自己的天性在行動，總是受情感的左右或能力的限定 —— 簡而言之，我們自始至終都受到自然律的制約，無時無刻不在進行我們認為是正當的事業。只有人到老年，當我們回首整個人生旅程及其總體結果時，我們才能最終明白其全部奧祕。

當我們正在進行某項偉大事業或創造某個不朽作品時，並沒有意識到這件事的本身，我們所考慮的只是達到眼前的目的，是完成當時的計畫，做目前的事。只有當我們最終把人生看成一個連續的整體，我們的特質和能力才能展示其真實面貌；我們也才能明白在形形色色的情景中，彷彿是某種幸福的靈感引導著我們在千百條可能使我們趨向毀滅的道路中選擇那唯一真實的路途。這是一種引導我們的創造力，既可以在理智的事物裡被感知，也可以在世間的事物中被察覺，並且，由於

其自身的不足而以同樣的方式導致不幸和災難。

　　人一生最大的福分就是能真實地了解自己。了解自己就意味著了解別人，因為人的本質是相通的。無論人的地位高低、名氣大小，其本性都一樣，比如自私、懦弱、膽小、嫉妒、畏懼等等。一個人只有了解自己，消除這些人性的弱點，才能變得品格高尚、無私無畏。

欠缺是正向的

　　所有的滿足，或通常我們所說的幸福，從事實上和根本上來看，都是消極的，而非積極的。不是主動落到我們頭上的原始滿足感，而永遠是對某一願望的滿足。願望是所有快樂的前提條件。但是，由於滿足的關係，願望和快樂便不復存在了。快樂只是痛苦的解除，或是需求的滿足，因為這種東西不但是明顯的憂愁，也是我們內心不勝其煩的欲望，事實上也是使我們覺得生命是一種負擔的厭煩之感。可是，我們卻很難獲得或完成任何東西，任何目標都會碰到無謂的困擾，而每一步都有著許多阻礙。最後，當我們克服並獲得了一切時，除了解除憂愁或欲望以外，其餘什麼也得不到，我們發現自己所處的地位與憂愁或欲望出現之前所處的地位完全一樣。甚至我們直接得到的一切也只是需求，換句話來說，也只是痛苦。我們只能間接地從回想先前的痛苦和需

求（現在因滿足或快樂而不再存在了）中去體會滿足和快樂。因此，可以說我們並沒有確切地意識到現在實際擁有的快樂和便利，也不會重視它們，只會把它們當作理所當然的事實，因為它們只是消極地使我們避免痛苦。只有當我們失去它們的時候，才會感受到它們的價值，因為欠缺、貧乏、憂愁才是積極的，才是我們直接感受到的。當我們回想過去的困難時光、疾病、欠缺以及其他類似情形時，也會感到快樂，這是享受目前快樂的唯一方法。而且，我們得承認，在這方面以及基於這種自我主義立場（此即生活意志的形式）上，當我們看到或聽到別人說到他人的痛苦時，我們也會說：

> 我們得不到的，就視為珍貴。
> 但一旦得到了，就立刻變得和原來不一樣了。
> 類似的盼望使我們疲於奔命，
> 我們渴求生命、眷戀生命。

因此，我們知道，所有的快樂只屬消極性質，不屬積極性質。正因為這個理由，它才不是持久的滿足或快樂，只會使我們擺脫某種痛苦或那必然帶來新痛苦的，或倦怠、空虛的嚮往和厭倦感的欲望。我們可以在真正反映世界和人生的藝術中，尤其是詩歌中證明這一點。所有的史詩和戲劇詩只能表現人類追求快樂幸福的一種競爭、努力和奮鬥，確無法

表現持久而完全快樂的本身。史詩中描寫的英雄人物，要經
過千辛萬苦、歷盡險阻才能達到目標，而一旦達到了目標便
立即落幕。因為，現在，除了表示英雄所期望尋求那種幸福
的輝煌目標，最後只有使他失望而已，而幸福達到以後也並
不比往日更好，除了重複往日的事，沒有其他的事可做。真
正持久的快樂是不可能的，這不可能是藝術的題材。當然，
田園牧歌的目的是描寫這種快樂，但我們也知道，這樣的田
園牧歌是無法傳之久遠的。詩人往往發現，田園牧歌不會成
為純粹的敘事詩。在前一種情形，一種不重要的史詩所描寫
的題材只是一些微不足道的憂愁、快樂和努力；在最普遍的
情形下，後一種情形則是描寫自然之美。換句話說，是描寫
擺脫意志束縛的純粹認知活動。當然，就事實而論，這是純
粹的快樂，既無先前的痛苦或欲望，亦無必然繼之而來的悔
恨、憂愁、空虛或饜足。但是，這種快樂不能概括生活的全
部，只在偶然的時刻才能如此。同樣，我們在音樂中也能發
現在詩歌中所發現的東西。也就是說，在普遍表現自覺意志
內在歷史、神祕生命、期望、痛苦和快樂的曲調中，也可發
現詩歌中所發現的東西：人類內心的起伏。曲調總是從主調
音出發，經過無數的變化，甚至變化到最不和諧的程度，最
後又重新回到那表現意志之滿足和平靜的主調音。不過，此
時這個主調再也不能完成別的了，如再延長主調也將變為一

種令人討厭和無意義的單調音。

　　大多數人的生活途徑，假如從外面去看，是沒有任何意義和缺乏重要性的；如果從內部去感覺它，又是晦暗和不曾受理智之光所引導的。這種生活途徑是令人生厭的渴望和抱怨，是從生到死 —— 經歷幼年、青春期、壯年、老年四個階段，像夢幻似的躊躇猶豫，以及一連串的瑣碎念頭。這種人就像鐘錶的發條一樣，被人絞緊以後，開始自行運轉。人隨時在誕生，人生的鐘錶也被重新絞緊，一再地重複著過去無數次所玩過的陳舊把戲，一段一段地，很少有變化。

　　假如我們從一般立場去看，假如我們只強調最重要的特性，那麼，無疑，每個人的生命通常都是一個悲劇。但是，假如我們仔細去體會，則可能具有喜劇性。因為，每天的行為和苦惱、時刻不停地煩躁、一星期的欲望和恐懼、每個小時的不幸之事，都是偶然而來的，這些永遠傾向於滑稽的可笑性，有喜劇的傾向。但是，那永遠沒有滿足的期望、那挫敗的努力、那些被命運無情地粉碎的希望、整個一生的不幸錯誤以及不斷增加的痛苦和最後的死亡，則往往是一個悲劇。好像命運在捉弄我們生存的不幸似的，我們的生命中必須含有悲劇的一切憂患，然而，我們甚至無從維護悲劇人物的尊嚴，只在生命的廣大範圍內無可避免地成為可笑的喜劇人物。

卷五　人生的領悟

從整個人生的層面來看，人是無法得到真正的快樂的，透過對它本質的了解，人生是由各種不同的痛苦所組成，自始至終都是不幸的。而且，假如我們在後天能注意一些較確切的實例，實際來印證我們的想像，以及用實例來說明各方面經驗和歷史帶給我們的無法形容的不幸，我們的內心就能更生動地喚起這種看法。但是這部分將會沒有終結，這種描述很容易被人當作一種對人生不幸的單純雄辯——就如平常所看到的一樣，如果僅僅是這樣的話，也可能被人認定為只是片面性，因為它是從特殊事實出發的。

假如一個人從少年時期最初的夢中覺醒過來，在過去歷史以及當下所處時代的人生經歷中，分析了自己和別人的經驗，最後在偉大詩人們的作品中仔細觀察自己，而他的判斷又沒有被那難以磨滅的成見所麻痺的話，他一定會得到一個結論，那就是，這個人類世界是一個到處都是錯誤的王國，愚昧和邪惡揮舞著它們的鞭子，支配著大大小小的錯誤。因此，我們可以說，任何較好的東西只有經過艱難地奮鬥後才能得到；高尚而智慧的東西通常是不常見的，它很少以引人眼球的方式顯現它自己，也很少為人所注意。所有顯露出來被我們所注意的，在思想方面通常只是荒謬和錯誤，在藝術方面則只是了無趣味而不引人的東西。在人類行動方面，只有成為邪惡和欺人的東西得到了優勢的地位，高尚與智慧則

與此無關。另一方面，非常出彩的東西往往只是例外，只是
千百萬事例中的一個特例，如果這個特例是由一部有永久留
存價值的作品所描寫的話，那麼，當同時代的其他作品沒沒
無聞而它還繼續留存時，這個特例便處在孤立狀態中，就像
隕石一樣被保存著，是從那些與現在流行者不同的東西中產
生出來的。

　　就個人的生命來說，每個人的生命史都是一段痛苦的歷
史，所有的生命都是一連串大大小小持續不斷的憂患。對於
這些憂患，每個人都要盡量隱藏起來，因為他知道，他人很
少會表示同情或憐憫。相反，當他們看到別人遭遇到自己目
前所沒有遭遇過的憂患時，總是幸災樂禍地感到滿足。因
此，當生命走到終點時，假如一個人誠摯而充滿才能的話，
絕不會希望再過這種生活。相反的，他會祈求絕對的寂滅。
《哈姆雷特》劇中有句獨白，其意思大致是這樣的：「人生的
處境是如此的不幸，使我們祈求絕對的寂滅。」

　　如果自殺真能帶給我們解脫，那麼，「生或死」的選擇
便擺在我們面前。因此，我們無疑會選擇自殺為「全心全意
希望完成的東西」。但是我們內心卻有某種東西告訴我們，
事實並非如此。自殺不是終結，死亡不是絕對的寂滅。

　　是的，誠如叔本華所說，「每個人的生命史都是一段痛
苦的歷史，所有的生命都是一連串大大小小持續不斷的憂

患。對於這些憂患，每個人都要盡量隱藏起來，因為他知道，他人很少會表示同情或憐憫。相反，當他們看到別人遭遇到自己目前所沒有遭遇過的憂患時，總是幸災樂禍地感到滿足」。這種滿足或許就是人們通常所說的幸福吧！

附錄　叔本華生平

阿圖爾·叔本華，西元 1788 年 2 月 22 日出生在但澤（今格但斯克）的一個異常顯赫的富商家庭。父親海因里希·弗洛里斯·叔本華（Heinrich Floris Schopenhauer）給兒子取名為阿圖爾·叔本華。

阿圖爾·叔本華名字的拼寫是 Arthur。這名字不光在德國是常用名，在義大利、法國和英國也是常用名。拼寫在以上國家的語言裡一模一樣，只是發音略有差別。父親給兒子取的這名字似乎預示著若干年後，這個出生在但澤的孩子注定要舉世聞名。

雖然叔本華成年後沒有繼承父親的衣缽，從事國際貿易，但他的思想遺產卻在不同國家流傳開來。這種結局絕對不是叔本華的父親當初所能預料到的。

叔本華的母親約翰娜·叔本華（Johanna Schopenhaue），在很年輕的時候就嫁給了比她年長得多的鉅賈叔本華的父親。根據當時人們的形容，叔本華的父親「有著健碩的體形、四方寬闊的臉盤，嘴巴寬大，下巴突出」。當初，這場婚姻是約翰娜·叔本華的親友極力撮合的，也招來「不少人的羨慕」（叔本華母親語）。但這場婚姻對於約翰娜·叔本華本人似乎並不很幸福。不過，就像叔本華所說的，「幸福的婚姻本來就是稀有的……在締結婚姻時，要麼我們的個體（如果我們考慮的只是愛情），要麼種屬後代的利益（如果我們只考慮金錢物質利

益），這兩者之一肯定會受到損害……因為優厚的物質條件和狂熱的愛情結合一位是至為罕有的好運」。

　　叔本華的母親很有文學天賦。當時的不少德國文學名人，包括寫作《格林童話》的格林兄弟、施勒格爾兄弟、歌德都是叔本華母親舉辦的聚會的座上賓。音樂家舒伯特還曾為約翰娜·叔本華寫的一首詩譜上曲子。約翰娜·叔本華本人寫了不少浪漫的愛情小說。在她的大部分小說裡，那些女主角在年輕時都狂熱地戀愛過，但有情人最後都是勞燕分飛。書中的女人們只得把對心上人的思念深埋在心裡，一邊服從理智的召喚，嫁給了理智上更合乎她們要求的男人。這些小說無不充滿著哀怨的情緒。也正因為這些小說，約翰娜·叔本華在當時的文壇享有一定的知名度，甚至在叔本華寫作了巨著《作為意志和表象的世界》以後的一段不短的時間裡，人們提起叔本華時，仍會不時地說：「那是約翰娜·叔本華的兒子。」

　　儘管母親在文學上有著不俗的表現，但叔本華對母親並沒有什麼好感，他也感受不到母親對他的關愛。後來，叔本華回憶小時候，他的腦海裡總是浮現出這樣一幅場景：在與父母散步時，父母遠遠地走在前面，而他則在後面步履蹣跚，「當時我的心中充滿著絕望」。後來，家中遭遇變故，父親選擇自殺的方式終止了自己的生命，母親從貌合神離的

婚姻中解脫出來，然後全身心地投入到威瑪（Weimar）的社交聚會中。

　　叔本華對母親類似於交際花似的行為深為反感，而母親對這位滿臉嚴肅、不時指指點點發出尖銳批評的兒子也不買單。在母親給叔本華的一封信中，她寫下了對兒子的看法：「我並不是看不到你好的地方，讓我畏懼你的，不是你的情感、你的內在，而是你的外在作風和行為，以及你的那些觀點、那些評論意見……一句話，外部世界方面，我跟你毫無共通之處……你那嚴峻的模樣，還有那些從你嘴裡說出的神諭一樣不容反駁的怪誕論調，給我很大壓力……你所哀嘆的世人的愚蠢和人生的痛苦也使我心情悶悶不樂，讓我晚上噩夢連連。而我本來卻是希望睡個好覺的。」

　　可見，這對母子互不賞識。

　　後來，叔本叔在關於女性的作品裡，大都是些讓女性聽了很不舒服的論調，極少有讚美之處。雖然不是狹隘地出於對母親的看法，但這些評論還是讓不少人馬上聯想到他和母親的惡劣關係。哲學家早期生活的所見所聞的確為他那些獨到的觀點提供了素材或證明。

　　以下的這些見解就經常讓人想起哲學家早年的觀察和感受：

　　「就像動物的情形一樣，人的原初母愛純粹只是本能性

的。所以，隨著孩子無助狀態的結束，母愛也就結束了。取而代之的，就是基於習慣和理性的愛。但這種愛經常不曾產生，尤其是當孩子的母親從不曾愛過這孩子的父親。」

「在女人的心裡，認為男人的使命就是賺錢，而她們的任務就是揮霍這些錢。可能的話，她們在男人的生前就要這樣做，而在男人死後這樣做就更是不用說的了。」

「偽裝因此對於女人來說是與生俱來的，這幾乎就是女人的特性，無論她們是愚蠢還是聰明。一有機會她們就會運用偽裝，這對於她們來說是最自然不過的，一如動物一旦受到攻擊就會馬上運用自身的武器一樣。並且，她們這樣做的時候，還在某種程度上認為自己在行使正當權利呢。基於同樣的理由，女人特別能夠看穿別人的偽裝行為。所以，試圖在女人面前運用偽裝並不可取。」

叔本華甚至說出了這樣經典的一句話：

「把身材矮小、肩膀狹窄、臀部寬大、兩腿矮短的女性稱為『美人』、『佳麗』，這也只有被性欲蒙蔽了頭腦的男人才會說得出來。也就是說，女性的全部美麗全在於這種性欲之中。」

西元 1803 年春天，叔本華在雙親的陪同下開始周遊歐洲各國。三人一行經荷蘭渡英國，再轉到法國、義大利、奧地利、瑞士等國，歷時兩年才折回漢堡。雖在遊歷期間，他

的父親仍命他進修英語、法語，母親也提醒他持續寫日記，對他的教育絲毫未曾放鬆。尤其是他們夫婦從英格蘭赴蘇格蘭旅行的三個月期間，特別將叔本華安置在倫敦近郊的某教會學校學習。在這短短的三個月裡，他的英語有了驚人的進步，英文奠下了深厚的基礎。後來他打算用英文翻譯康德的著作，可惜未能實現。同時，在這期間也讓他發現了英國教會的真面目，他對於英國司教職者的迂腐、冥頑不靈實感驚異。關於此點，在他當時的信函中曾迭有表示。

　　儘管叔本華思想成熟得很早，他在著作中顯現出來的博學也讓人驚嘆，但在他 19 歲以前，除了在外語方面，嚴格來說，還沒有仔細、全面地掌握某一門學科。

　　叔本華在哥廷根念大學的第一、二年裡，學習了物理學、礦物學、自然歷史、植物學，也旁聽生理學、天文學、氣象學、人種學、法學的課程。他所留下來的筆記本密密麻麻寫滿了對聽課內容的肯定、否定、質疑、感想。廣泛、深入的知識為他以後成為哲學家奠定了必不可少的基礎。當然，他還聽從他的哲學指導教師阿爾弗雷德·舒茨（Alfred Schütz）的寶貴意見，認真、仔細、透徹地閱讀了柏拉圖和康德的著作。在大學的這頭兩年裡，叔本華就已經非常清楚自己將來注定要走的路了。他對年長的文學家魏蘭（Wieland）說過：「人生真是糟糕透頂的事情，我已決定要花

費這一生去鑽研和探究這糟糕透頂的人生。」

　　他對這種早年就有的使命感是這樣描繪的：生來就注定要成就一番偉大事業的人，從青春期就在心中祕密地感受到了這一事實。他會像建築蜂巢的工蜂那樣去努力完成自己的使命。

　　西元 1812 年秋，叔本華進入柏林大學，聽了當時著名的德國哲學教授費希特、施萊爾馬赫的講課，但深感失望。加上他後來在大學講授哲學的經歷，更加讓叔本華認定：對於多數的學者來說，他們的知識只是手段，而不是目的。這解釋了為什麼這些人永遠不會在他們的知識領域裡取得非凡的成就，因為要有所建樹的話，那他們所從事的知識或者學問就等同於他們的目的，而其他別的一切，甚至他們的存在本身，都只是手段而已。能夠獲得新穎、偉大的基本觀點的人，也只是那些把求知視為自己學習的直接目的，對此外別的目的無動於衷的人。

　　叔本華的才華不僅僅體現在他的哲學思想上，同時也體現在他的語言能力上。

　　叔本華掌握了 7 種語言，拉丁語、希臘語、法語、英語、德語、西班牙語、義大利語。英國學者麥吉在參觀完叔本華在法蘭克福家中的圖書室後，寫下了這樣的印象：

　　「叔本華習慣在所閱讀的書上做筆記，並且經常是寫得

密密麻麻。他所閱讀的書是以何種語言寫成，他就以何種語言寫下筆記。……有時候，由於字寫得太過有力，幾乎都要透過紙背了。」

雖然母親舉辦的聚會讓叔本華很反感，但他也從中實際獲得了一些幫助。經由母親開設的聚會，叔本華也因此得以認識了眾多名人。他與歌德也真正加深了了解。才 20 多歲的叔本華與 60 多歲的歌德對色彩理論曾作過長時間的討論。飽經世故的歌德對年輕的叔本華的評價是：「看著吧！這個人會比我們所有人都更出色。」

西元 1814 年 5 月，叔本華與母親徹底決裂，離開威瑪，遷往德勒斯登（Dresden）。他寫作了巨著《作為意志和表象的世界》，並在 1819 年出版。在叔本華的筆記本裡，記載著這一巨著的誕生過程：「這一著作就像小孩在子宮裡一樣，逐漸和慢慢地成形。我不知道這在何時開始、何時結束。我看見出現了某一肢體，然後出現了某一血管。也就是說，我只把頭腦裡的東西寫下來，而不會顧及寫下的東西在整體上是否連貫，因為我知道這些東西都出自相同的源頭。這有機的整體就這樣形成了……」

此外，在一份文字記錄稿上，叔本華寫下了他的哲學思想的醞釀和寫作的過程：

「我的這些哲學論點，之所以是真實的，並因此是不朽

的，就在於這些東西並不是我所創作的，而是它們自己成形的。在這種時候，我身上的所有一切就好像睡著了似的……只有在這種完全擺脫了意欲的情況下，出現在腦海中的東西，我才用筆記錄下來，成為我的著作。我純粹只是旁觀者和證人。這一點保證了這些思想的真實性，並且讓我在得不到認同之時也不會懷疑自己。」

也正因為這樣，叔本華在緊鑼密鼓創作這部不朽著作時，同樣會找空閒時間與朋友聊天、上劇院觀劇。

儘管當時叔本華對自己的作品充滿了自信，但是出版近20 年，卻很少有人賞識。當叔本華詢問出版商這本書的銷售狀況時，出版商告訴他這本書幾乎沒有賣出多少本。叔本華對此的見解是：

「所有真正優秀的作品無論在何時、何地都要與總是占據上風的荒唐、拙劣的東西進行沒完沒了的惡鬥。」

「在這個世界上，卑劣和惡毒普遍占據著統治的地位，而愚蠢的嗓門叫喊得格外響亮。」

「大眾的判斷力是反常的，要創作出優秀的著作，並且避免寫出拙劣的作品，創作者就必須抵制和鄙視大眾及其代言人的評判。」

西元 1820 年 1 月，叔本華獲得了柏林大學講師的資格，他堅信自己思想的價值，他那高傲、堅韌的性格也導致他在

對待真理的問題上，完全不可能有所妥協，雖然一定的靈活技巧會有利於傳播自己的思想。在柏林大學開課講授自己的哲學時，他想利用向學生講授哲學以擴大自己的影響力。但他一意孤行選擇了與當時名聲極響、吸引著大批學生的黑格爾相同的授課時間。他必須和這個被稱為「只有華麗的詞語，但卻沒有半點思想的江湖騙子」對立。他就這樣失去了不少他當時極為需要的聽眾。

叔本華在柏林再也找不到屬自己的位置，迫於無奈，他最後選擇了離開。

西元 1833 年 6 月，45 歲的叔本華輾轉來到法蘭克福並安頓了下來，直到 72 歲去世。

從叔本華留下來的一冊筆記本中，我們看到了哲學家當時在選擇曼海姆抑或法蘭克福作為居住地時所作的考慮。在筆記本的封面，哲學家用英文寫下了兩個城市對自己而言各自擁有的的優勢。一邊是曼海姆有著「更好的外文書店」、「更好的餐廳」，另一邊則是法蘭克福有著「更好的戲劇、歌劇、音樂會」和「更多英國人」、「牙醫的水準更高」、「醫生也沒那麼差勁」。最後，或許是法蘭克福的「歡快氣氛」定奪了此事，他最終選擇了法蘭克福。

叔本華的生活極有規律。早上 7 點到 8 點起床，洗完冷水澡以後喝上一杯咖啡，然後埋頭一直寫作到中午。這段時

間他認為最可寶貴，只用於思考和寫作。所以，他禁止任何人（包括傭人）在這段時間裡說話和露面。

在完成緊湊的工作後，叔本華會找一種娛樂方式休息半個小時。他最喜歡做的事就是吹笛子，這種娛樂方式跟隨了他一生。在這之後，叔本華會穿上燕尾服，打上潔白的領結，出外午餐。他總是穿著與年輕時同樣款式的衣服，到一間名為「英國飯店」的餐廳用膳。午膳後，叔本華回到自己的房間進行閱讀，一直到 4 點鐘。然後，不管天氣如何，他都一定會出門快走散步，身邊跟著的就是那條後來也隨著主人一起出名的、被附近居民稱為「小叔本華」的卷毛狗。

傍晚 6 點鐘，叔本華會準時到達圖書館。叔本華在圖書館的閱覽室閱讀英國的《泰晤士報》。叔本華頗為贊同他父親的說法：「從《泰晤士報》，你可以知道一切你想要知道的東西。」

晚上，叔本華會去劇院或者音樂會看戲、聽音樂。他認為：「不上劇院看戲就像穿衣打扮而不照鏡子。」貝多芬的曲子是叔本華的至愛。如果貝多芬的交響樂演奏完畢，另一音樂家隨即登場，叔本華就會馬上離場。

散場後，叔本華就到「英國飯店」用晚餐。如果在一起用膳的客人有興趣傾聽，或者叔本華一時興起，他就會滔滔不絕地談論人生、藝術、哲學和時事話題，有時候也

不管聽者是否聽得懂他所講的內容。叔本華的朋友威廉·格溫納（Wilhelm Gwinner）講述了他第一次見到叔本華時的印象：「叔本華破壞了自己定下的原則，那就是不摻進個人的東西，因為他談得越深，就越變得個人化。我第一次聽他說話時，還很年輕。我坐在離他不遠處吃飯，但那時並不認識他，也不知道他是誰。當時，他正在講解邏輯的基本知識。我還能回想起當時的他給我留下的奇特印象 —— 他講述 A＝A 時的情景，臉上的表情就像是談論著自己的戀人。」

　　叔本華一般在晚上 9 點到 10 點左右回家，在床上閱讀幾頁古印度的《吠陀》，因為他認為：從《吠陀》剛一頁紙著作，我們所學到的就超過康德以後的整卷整卷的哲學著作。

　　然後，叔本華就沉沉睡去，一覺到天明。叔本華的生活幾乎每天都是如此。

　　西元 1848 年，叔本華宣稱的「暴亂」發生了，造反者在叔本華屋子前面的街頭修築了工事，與政府軍激戰。叔本華吩咐把大門緊閉，這時響起了急促的敲門聲。最後，傭人進來小聲告訴叔本華，敲門的是前來增援政府軍的波希米亞士兵。「我馬上為那些親愛的朋友開門」，叔本華在一封信裡描述當時的情形：

　　「20 個身穿藍衣服的波希米亞士兵湧了進來，從窗口向下面的暴徒射擊。但很快，他們就發現隔壁房間更利於射

擊。一個軍官從二樓觀察街上躲在工事後面的暴徒。我馬上把我的觀看歌劇的大望遠鏡借給了他們。」

叔本華還把一大筆遺產留給了在鎮壓暴動中受傷的士兵和死亡士兵的家屬。叔本華的觀點很明確：人們總是對政府、法律和公共機構深感不滿，但這主要不過就是人們把本屬人生的可憐苦處歸咎於政府、制度等。

國家是為保護整體人民免於受到別的國家的攻擊，或者為保護國家中的成員免於受到其他成員的攻擊而設立的。設立國家的必要性就在於人們已經承認：人與人之間並沒有什麼公正可言。

只要想一想：在每一個人的心中都潛藏著無限膨脹的自我，要把這數以百萬計的人維持在和平、秩序、法律的束縛之內，那是多麼困難的一件事情。而國家政府承擔的就是這一困難的任務。事實上，看到世界上大部分的人還能夠生活在秩序與和平之中，那真的是一件讓人嘖嘖稱奇的事情。

叔本華在自己的世界裡愜意地棲息著。

西元 1851 年，他完成了對《作為意志和表象的世界》的補充與說明，結果就是這篇以格言體寫成的《附錄與補遺》使他獲得了聲譽，使他瞬間成了名人。有人寫了《叔本華大辭典》和《叔本華全集》。

西元 1859 年，《作為意志和表象的世界》出了第三版引

起轟動，叔本華稱「全歐洲都知道這本書」。他在第三版序言中寫道：「當這本書第一版問世時，我才 30 歲，看到第三版時卻不能早於 72 歲。總算我在佩脫拉克的名句中找到了安慰 —— 誰要是走了一整天，傍晚走到了，那也該滿足了。」叔本華在最後的 10 年終於得到了聲望，但仍然過著孤獨的日子。

西元 1860 年 9 月 20 日，叔本華起床時身體一陣抽搐，隨即跌倒在地，並碰傷額頭。但除此之外，感覺沒有什麼特別的不適。當晚他睡得很好。第二天，叔本華像往常一樣早早起來，用過早餐。管家打開窗子透進清新的空氣以後，就按照叔本華平時的吩咐走出房間，不再打擾哲學家的工作。過了不久，當叔本華的醫生進入房間時，叔本華已經與世長辭。

根據叔本華生前的意願，他的墓碑上除了刻著「阿圖爾·叔本華」的名字以外，再也沒有多餘的文字。

欠缺是正向的

電子書購買

國家圖書館出版品預行編目資料

叔本華如是說：生命的本質是什麼？愛究竟有何意義？人類永久的大哉問，叔本華以顛覆傳統的思維來解答！/ 蔣耀江，羅烈文編譯. — 第一版. — 臺北市：財經錢線文化事業有限公司, 2023.03
面；　公分
POD 版
ISBN 978-957-680-611-7(平裝)
1.CST: 叔本華 (Schopenhauer, Arthur, 1788-1860) 2.CST: 學術思想 3.CST: 人生哲學
147.53　　112002449

叔本華如是說：生命的本質是什麼？愛究竟有何意義？人類永久的大哉問，叔本華以顛覆傳統的思維來解答！

臉書

編　　譯：蔣耀江，羅烈文
發 行 人：黃振庭
出 版 者：財經錢線文化事業有限公司
發 行 者：財經錢線文化事業有限公司
E - m a i l：sonbookservice@gmail.com
粉 絲 頁：https://www.facebook.com/sonbookss/
網　　址：https://sonbook.net/
地　　址：台北市中正區重慶南路一段六十一號八樓 815 室
Rm. 815, 8F., No.61, Sec. 1, Chongqing S. Rd., Zhongzheng Dist., Taipei City 100, Taiwan
電　　話：(02) 2370-3310　　　傳　　真：(02) 2388-1990
印　　刷：京峯彩色印刷有限公司（京峰數位）
律師顧問：廣華律師事務所 張珮琦律師

定　　價：350 元
發行日期：2023 年 03 月第一版
◎本書以 POD 印製